Entretiens avec
GILLES MARCOTTE

Pierre Popovic

entretiens avec

Gilles Marcotte

De la littérature avant toute chose

de vive voix

Liber

Les éditions Liber reçoivent des subventions du Conseil des arts du Canada et de la SODEC.

Maquette de la couverture : Yvon Lachance
Photo : Alain Décarie

Éditions Liber
C. P. 1475, succursale B
Montréal, Québec
H3B 3L2
Tél. : (514) 522-3227

Distribution:
Diffusion Dimedia
539, boul. Lebeau
Saint-Laurent, Québec
H4N 1S2
Tél. : (514) 336-3941

Dépôt légal : 3e trimestre 1996
Bibliothèque nationale du Québec

ISBN 2-921569-35-3

Première partie

LES CIRCONSTANCES DE LA VIE

Pierre Popovic : *Gilles Marcotte, vous avez été, au cours des cinquante dernières années, un acteur essentiel et un observateur privilégié de la scène littéraire et culturelle au Québec. Journaliste, vous avez travaillé au* Devoir, *à* La Presse, *et vous avez encore votre page de critique à* L'actualité. *Écrivain, vous avez publié des romans, des nouvelles, et même quelques pièces pour la télévision. Vos ouvrages de critique,* Une littérature qui se fait, Le temps des poètes, Le roman à l'imparfait, *ont fait date. Professeur, vous avez formé plusieurs générations d'étudiants à l'université de Montréal. Vous êtes finalement passé par tous les lieux de l'institution littéraire québécoise. Est-ce qu'à un moment donné vous n'avez pas senti que vous deveniez l'institution elle-même ?*

Gilles Marcotte : Vraiment pas. C'est une idée qui m'est complètement étrangère. Quand j'entreprends d'écrire un texte — ou quand, professeur, je préparais un cours —, je ne me sens pas du tout institution, chaque fois je suis tout seul devant la chose à faire et c'est tout nouveau, c'est comme si je n'avais jamais rien écrit, ou pensé auparavant. Je comprends que l'on parle de moi comme d'une

9

institution ; une « institution dans l'institution », disait l'autre jour un journaliste. On a nécessairement l'air d'une institution — et on est souvent, hélas, *lu* comme une institution — quand on est là depuis assez long-temps et qu'on se manifeste régulièrement par des articles ou des livres, surtout dans un petit milieu comme le nôtre. C'est le désavantage de la longévité littéraire. (Il y a peut-être quelques avantages...) Je subis toujours un choc quand je lis, dans un dictionnaire, un répertoire d'écrivains, une histoire littéraire, ce qu'on dit de moi ; il me semble qu'on parle de quelqu'un d'autre, un autre que je trouve légèrement ridicule. Mes rapports avec les institutions sont d'ailleurs lointains : je ne fais partie ni de l'Académie des lettres, ni de la Société royale, et je me demande si j'ai fait parvenir ma cotisation au Pen-Club... La question de mes relations avec l'institution lit-téraire québécoise, globalement, est un peu plus compliquée. J'ai peut-être contribué dans une certaine mesure à sa formation, à ce qu'elle est présentement, mais j'ai exprimé à plusieurs reprises ma méfiance à l'é-gard de cette grosse affaire, surtout quand elle se donne une signification nationaliste autosuffisante, autarcique.

Quelles relations établissez-vous entre les multiples aspects de votre carrière ?

L'enseignement, la critique, l'écriture de fiction, tout ça communique, bien sûr. Il n'y a pas de cloisons étanches. C'est toujours de la parole, de l'écriture — j'oserais dire du récit. Quand j'écris un article ou une étude critique, cela prend souvent l'allure d'un récit, je m'en aperçois après coup ; et quand j'écris de la fiction, j'y mets beaucoup de mes interrogations critiques. Il m'est même arrivé d'écrire une nouvelle et des études sur le même sujet : Octave Crémazie, un des pères, des « vieux tousseux » les plus célèbres de la littérature québécoise. Restent quelques différences. La première, et la plus importante peut-être, c'est que je suis obligé en quelque sorte de faire de la critique, de faire des cours, c'est mon métier, c'est de cette façon que je gagne ma vie. La fiction, c'est autre chose. Aucune obligation, là. C'est gratuit, entièrement gratuit. J'ai de la difficulté à me concevoir comme un écrivain de plein droit...

Vous avez travaillé avec des équipes (au Devoir, *à* La Presse*), vous avez suivi de près l'action de plusieurs revues importantes (*Cité libre, Liberté*), mais vous n'avez jamais fait partie d'un groupe quelconque. Vous n'êtes pas grégaire ?*

Je le regrette peut-être un peu. J'aurais aimé, il me semble. Je garde un très bon souvenir des réunions de travail (assez bien nourries et arrosées) du comité des *Écrits du Canada français,* dont j'ai fait partie pendant plusieurs années. Mais ailleurs, non, je ne sais trop pourquoi, ça n'allait pas... J'ai énormément écrit dans *Liberté,* depuis le tout premier numéro, mais l'idée ne m'est jamais venue, et elle n'est jamais venue aux autres, que je pourrais faire partie de l'équipe. J'étais trop ceci, pas assez cela... Bon. Mais je suis le collaborateur idéal, celui qui remet ses articles à temps. L'expérience du travail en commun, je l'ai plutôt faite dans les lieux de travail, surtout dans le journalisme, au *Devoir* et à *La Presse,* et bien sûr à l'université. La vie journalistique était, me semble-t-il, un peu plus folle, plus drôle, plus passionnée à l'épo-

que où je la pratiquais, qu'elle ne l'est devenue maintenant. (Je me trompe peut-être, *laudator temporis acti*...
J'ai fait mon cours classique !) Au *Devoir*, par exemple,
on rigolait beaucoup, on se réunissait après l'heure de
tombée, la nuit... Et puis, sous la direction du tandem
Filion-Laurendeau, on avait l'impression de faire quelque
chose d'important, de mener des luttes importantes, contre la corruption, contre le régime Duplessis.

À *La Presse,* c'était différent, mais là aussi, avec
l'équipe du secteur « arts et lettres » et du magazine, le
sentiment de travailler en commun était assez fort. J'y
serais sans doute resté, si on n'avait pas mis le rédacteur
en chef, Gérard Pelletier, à la porte, avec une brutalité
inouïe. Rétrospectivement, je ne suis pas fâché que les
circonstances m'aient forcé à me réorienter, cette fois du
côté de l'université. L'enseignement, la recherche, ça vous
pousse dans le dos. D'une certaine façon, c'est plus difficile que le journalisme, plus exigeant, parce qu'on a
affaire à des êtres humains, là, devant vous. Mais il arrive
qu'on se sente utile. Je tiens à dire que je suis fort heureux d'avoir passé ces quelque trente années de ma vie
dans un milieu intellectuel aussi ouvert, aussi divers, que
celui du département d'études françaises de l'université
de Montréal. Un véritable milieu. Il n'était pas besoin
d'être grégaire pour s'y sentir à l'aise. J'avais besoin de ça,
des conversations, des échanges. Non, je ne suis pas grégaire. Mais je ne suis pas le Grand Solitaire non plus. J'ai
beaucoup reçu des milieux où j'ai travaillé, vécu.

*Quand on lit vos textes, on est frappé par une écriture
fluide, dans laquelle résonne encore une sorte d'oralité. Un
rien de la conversation reste dans votre prose, même la plus*

travaillée. Avez-vous dû vous battre contre une langue ou contre « la » langue pour acquérir cette écriture ?

J'ai l'impression, surtout, d'être parti d'une absence de langue. Je veux dire que je n'ai pas souvenir d'une contrainte linguistique forte, contre laquelle j'aurais dû m'insurger, que j'aurais dû briser pour arriver à l'écriture. L'oral que vous entendez dans ce que j'écris est une sorte de naturel qui doit se conquérir, bien sûr, mais pas contre une syntaxe imposée, des complications. Il se conquiert sur une sorte de silence. Ma façon d'écrire vient en somme d'un sentiment de pauvreté. Écrire, pour moi, ça n'a pas été vaincre une langue apprise, me départir d'une langue que j'aurais perçue comme étrangère, mais triompher d'un manque. Et le combat n'est pas terminé, bien sûr.

Il est évident, aussi, que mon écriture se ressent de la pratique du journalisme. Le journaliste doit écrire clair, rapide, éviter de trop ennuyer le lecteur. Il faut atteindre à la plus grande simplicité, à la plus grande limpidité possible, ce qui ne va pas sans une forme d'art... Je me souviens qu'au *Devoir*, où j'étais arrivé depuis peu, j'avais rédigé rapidement le résumé d'une conférence. J'en étais assez content. Je l'ai été doublement quand André Laurendeau, qui passait souvent dans la salle de rédaction, est venu demander qui avait écrit le texte. Il est très important, pour moi, de bien écrire, de véritablement écrire un compte rendu, une lettre de recommandation, un rapport. Cela fait que je suis assez malheureux, généralement, quand je lis les textes officiels de mon université...

On dit souvent au Québec que l'on accède difficilement à la langue. Nombre d'écrivains d'ailleurs n'ont cessé de le dire.

Dans votre cas, avez-vous été travaillé par les grands modè-les de la littérature enseignés dans les collèges classiques ou avez-vous été plus sensible au caractère composite du parler québécois ?

Les « grands modèles de la littérature enseignée dans les collèges classiques », mon dieu, ne nous laissons pas emporter… C'était assez médiocre, j'ose le dire, sans hos-tilité d'ailleurs pour ceux qui furent mes maîtres à cette époque : ils faisaient ce qu'ils pouvaient. Oui, nous fai-sions le tour des classiques, mais de façon extrêmement superficielle, sans passion, sans intérêt profond pour la littérature. Je me souviens d'avoir été ébloui par Bossuet, le *Sermon sur la mort,* c'est là peut-être que j'ai senti pour la première fois ce qu'était un grand texte. Mais il est assez évident que Bossuet n'a pas été pour moi un modèle. Il était tout à fait hors de ma portée, aussi étran-ger que le sera plus tard Rimbaud. C'est peut-être pour cette raison qu'il m'a ébloui.

Mais puisque vous parlez de modèles, oui, j'en ai eu un, que j'ai beaucoup fréquenté durant les dernières années du cours classique, et qui est bien oublié mainte-nant. Il s'agit de *La vie intellectuelle* du père Sertillanges. Il disait comment vivre une véritable vie intellectuelle, il donnait toutes sortes de conseils pratiques, par exemple de se coucher le soir en ayant dans la tête une question non résolue, ça faisait du chemin durant la nuit et le lende-main matin… Non, il ne faut pas rire, ce n'était pas bête. Mais ce qui me frappait, qui m'attirait surtout dans ce livre, c'était l'écriture. Le père Sertillanges était un bon écrivain. Il pratiquait une écriture très simple, économe, réduite à l'essentiel, très peu portée sur les figures de style.

J'opposais cette langue-là à ce qu'exigeait de nous le professeur de rhétorique qui, lui, voulait nous faire suivre les conseils du manuel Durand, supprimer presque tous les mots non colorés, notamment les verbes être et avoir. Il les soulignait même, avec réprobation, dans les citations. J'ai vraiment opté, à ce moment-là, contre mon professeur, avec une conscience plus ou moins nette des enjeux, pour l'écriture simple contre l'écriture ornée, visiblement travaillée. C'est pourquoi la grande poésie romantique, celle de Hugo par exemple, m'est si étrangère. J'aime beaucoup sa prose, mais cette poésie très ornée, qui a beaucoup de mots et n'arrête pas de faire rimer « ombre » avec « sombre », non, je n'arrive pas à m'y faire. Même la poésie de Baudelaire... J'ai un peu honte de le dire, mais sa versification traditionnelle, sa prédilection pour les mots bien sonores, m'empêchent d'y adhérer comme... je devrais. Alors que sa prose, pour moi, est une des plus grandes, des plus belles de la langue française.

Est-ce que vous avez commencé à écrire tôt ?

J'ai très peu écrit durant ma jeunesse : quelques blagues, dans le journal du collège... J'avais en même temps le désir d'écrire, et la crainte — je dirais peut-être même la conviction — de ne jamais pouvoir le faire convenablement. Une question un peu bizarre m'occupait : je voulais mener une vie intellectuelle — c'est pourquoi, notamment, je lisais le père Sertillanges —, mais pouvait-on être un intellectuel sans écrire ? Un jour, j'ai posé cette question à un de mes professeurs de philosophie, l'abbé Maltais, qui était un homme intelligent, inquiet. Il n'a pas su quoi me répondre, si je me souviens bien.

Sans le journalisme, donc, vous n'auriez jamais écrit...

J'avais besoin, oui, d'être autorisé, de recevoir une commande, et le journalisme a joué ce rôle de commanditaire pour ainsi dire. Il y a, dans *Les chants de Maldoror* de Lautréamont, une scène extraordinaire, qui m'explique à moi-même, dans un style évidemment beaucoup plus flamboyant que le mien, ce que j'éprouvais dans ma jeunesse à propos de l'écriture. Ça se trouve au début du deuxième chant. Le premier a été publié quelque temps auparavant, et Maldoror-Lautréamont-Ducasse se demande où il est passé, pourquoi il a eu si peu de succès. Il veut reprendre la plume, continuer malgré tout d'écrire sa grande œuvre, mais il n'y arrive pas, il sent qu'il est sous le coup d'une interdiction qui vient du Tout-Puissant lui-même. Avec Maldoror, vous le savez, tout prend des proportions... Alors il s'acharne, il persiste à écrire, et le Tout-Puissant, dramatiquement, lui fend le crâne. Bon, tout ça est évidemment excessif, grandiloquent, mélodramatique, mais d'une certaine façon je m'y reconnais...

Non, sans doute, si je n'étais pas devenu journaliste, si je n'avais pas eu besoin d'écrire pour gagner ma vie, si je n'avais pas reçu cette commande-là, je crois bien que je n'aurais pas écrit. Toute ma vie, j'ai eu besoin de commandes. J'en ai trouvé aussi, et de belles, dans ma vie universitaire.

Est-ce angoissant d'écrire ? ou réconfortant ? ou...

On acquiert du métier, à la longue. Il m'arrive de m'en rendre compte. Mais, au fond, l'incertitude, le sentiment d'insuffisance demeurent. On ferme les yeux et on y va, on plonge...

Vous avez écrit pour les journaux, les magazines, la radio, pour l'université, pour des spécialistes, pour le grand public... Est-ce que le passage d'un lieu à l'autre est difficile ou bien adoptez-vous facilement le style idoine pour chaque tribune ?

Il va sans dire que je n'écris pas tout à fait de la même façon selon que mon texte est destiné à *L'actualité*, à *Liberté* ou à une revue universitaire comme *Études françaises*. Mais le critique de *L'actualité* influence l'universitaire d'*Études françaises*, et vice versa. Le premier bénéficie des réflexions du deuxième, même s'il essaie de ne pas trop le montrer — par politesse. Et le deuxième reçoit des leçons du premier, notamment celle d'écrire *pour le monde*, pour le lecteur de bonne volonté, voire pour le lecteur non spécialisé. (Il est vrai que je ne le suis pas beaucoup moi-même, spécialisé...) C'est dire que je passe de l'un à l'autre genre d'article sans difficulté. Je suis un peu journaliste dans mes travaux universitaires, et un peu universitaire — discrètement ! — dans mes articles destinés au grand public. Il peut même m'arriver, je l'avoue, d'être plus satisfait d'un petit article que d'une longue étude, de lui attribuer une plus grande valeur... Non, j'exagère, je me reprends : ce sont là deux choses différentes, auxquelles je tiens personnellement beaucoup.

Vous êtes né en 1925 à Sherbrooke. C'est là que vous avez commencé votre carrière de journaliste. Est-ce que vous participiez à la vie intellectuelle, littéraire de la ville ?

Est-ce qu'il y avait une vie intellectuelle à Sherbrooke ?
Oui, un peu, par la force des choses, au collège, au séminaire Saint-Charles-Borromée, où j'ai fait mes études
secondaires. Mais cela n'allait pas très loin, comme je l'ai
dit tout à l'heure. Je me souviens qu'à la fin de mon
cours classique j'ai voulu lire, je ne sais trop pour quelle
raison, poussé par quel désir, *La divine comédie* de Dante.
J'en ai parlé à un de mes professeurs de philosophie, qui
était un homme fort intelligent, original, pourvu d'un
humour assez spécial. Il pensait que je m'ennuierais beaucoup là-dedans, et en effet je me suis ennuyé un peu, ce
qui est sans doute normal à la première lecture de *La
divine comédie*. Mais pour me procurer l'œuvre, et c'est là
surtout que je veux en venir, il m'a fallu obtenir la per-
mission d'aller à la bibliothèque réservée, à la bibliothèque des prêtres. Quant à ce professeur de philosophie, il
avait fait des études en Europe, et il en était revenu plein
d'ambition, plein de feu, décidé à continuer ici les travaux qu'il avait commencés là-bas. Deux ou trois ans
plus tard, il avait dû déchanter. Le milieu était extrêmement défavorable à une telle entreprise. Il s'était mis au
violon.

Au grand séminaire, où j'ai passé près de deux ans
parce que je me destinais à la prêtrise, l'atmosphère intellectuelle était plus dense, on se passionnait pour des
questions théologiques assez compliquées, on discutait
ferme. Cela se passait évidemment en vase clos, assez loin
du monde qu'on apercevait à certaine distance, là-bas…
Mais l'étude de saint Thomas — dans le texte évidemment, le texte latin — me préparait excellemment à lire
Sartre, Claudel et Camus. Je m'en suis aperçu un peu
plus tard.

À *La Tribune,* le journal français de Sherbrooke, je ne suis resté que six mois. Il y avait là, oui, des gens qui écrivaient, par exemple le rédacteur en chef, qui donnait régulièrement, dans sa page, des « pensées » à la Vauvenargues. Il y avait surtout Alfred DesRochers, poète de premier plan, grand connaisseur des littératures française et américaine, qui pouvait réciter par cœur des dizaines de pages de Victor Hugo, son idole, passionné de langue — il lisait une page de dictionnaire chaque jour —, et qui a corrigé mes premières copies de journaliste avec une joyeuse férocité. Il avait été l'animateur, plusieurs années avant mon arrivée, de ce qu'on pourrait peut-être appeler une école littéraire, ou plus modestement un groupe littéraire, dont faisaient partie Jovette Bernier, Éva Sénécal, quelques autres ; où venaient Germaine Guèvremont — on sait quelle influence a eue DesRochers sur la rédaction du *Survenant* —, Louis Dantin... Tout cela était bien fini, quand je suis arrivé à *La Tribune.*

Oui, bien sûr, il y avait à Sherbrooke des gens intelligents, qui lisaient, qui avaient de la culture, qui écrivaient un peu. On m'a même parlé d'un petit cercle littéraire appelé — à juste titre ? — Le Soupirail. Mais une vie intellectuelle ?

Quelle était la place de la culture dans votre milieu familial ?

Nous n'avions de livres, à la maison, que les ouvrages de piété de mon grand-père, qui avait voulu dans sa jeunesse se faire prêtre, et une histoire — en anglais — du Canadien Pacifique, que mon père avait été obligé d'acheter parce qu'il était à l'emploi de la compagnie. La culture, chez moi, c'était plutôt la musique. Mon père jouait de la clarinette, mon frère aîné aussi, ma sœur était pianiste, et moi, moi, moi, eh bien je m'escrimais du mieux que je pouvais sur une trompette bon marché. J'ai souvent pensé qu'il était beaucoup plus difficile de jouer honnêtement de la trompette que d'écrire un article convenable. Je n'y arrivais pas toujours. Je dois ajouter ceci : mon père croyait fermement à la nécessité de l'instruction, et il était prêt à tous les sacrifices — il n'était pas riche, loin de là — pour que nous fassions de bonnes études. Cela s'est vu dans beaucoup de familles canadiennes-françaises, au cours du dernier demi-siècle, cette volonté acharnée de sortir de l'ignorance...

Vous avez consacré à la musique un ouvrage : L'amateur de musique. *Rimbaud dit que « la musique savante manque à notre désir ». Est-ce que le vingtième siècle a été celui de la « musique savante » ?*

La « musique savante » de Rimbaud est, de toute évidence, inaccessible. Elle se trouve — ou ne se trouve pas ! — au-delà de toute science, de tout ce qu'on peut savoir ; c'est une musique en quelque sorte magique, un véritable au-delà. Dans un autre sens, plus modeste, la musique du vingtième siècle est évidemment une musique savante. Mais toute musique l'est. Mozart, Beethoven, c'est extrêmement savant ; autant que Boulez ou Gilles Tremblay. La science est plus manifeste chez les derniers que chez les premiers, parce qu'ils sont plus près de nous, qu'ils viennent tout juste d'arriver. Est-ce que nous nous habituerons, comme nous nous sommes habitués aux manières de Mozart et de Beethoven ?

Quels ont été les chefs-d'œuvre, à votre avis, dans la musique du vingtième siècle ?

Il serait un peu vain de tenter de les nommer tous. Je cite ceux qui me viennent aussitôt à l'esprit : l'opéra *Wozzeck* d'Alban Berg, *Le sacre du printemps* de Stravinski... Je m'arrête. Il ne suffit pas qu'une œuvre soit belle, neuve, audacieuse, pour être un chef-d'œuvre ; il n'y a de chef-d'œuvre que *consacré,* reconnu comme tel par un très grand nombre de personnes. Un chef-d'œuvre pour initiés, pour *happy few,* ça n'existe pas. Il y a sans doute de très grandes œuvres du vingtième siècle que je ne connais pas ; et il y a de grandes œuvres que j'aime, que j'admire, mais dont je n'oserais pas dire qu'elles sont des chefs-d'œuvre, parce qu'elles ne sont pas reçues par un assez grand nombre d'auditeurs, parce qu'elles ne sont pas devenues des *indiscutables* de la culture. Cela dit, il faut reconnaître que la musique, comme la poésie d'ailleurs, comme la peinture et la sculpture, se trouve aujourd'hui dans une situation particulièrement difficile. Son rapport avec le public est aléatoire. Quand on est obligé, par exemple, de faire des concerts de musique contemporaine, cela veut dire que la musique qui se fait ne trouve pas naturellement sa place dans les concerts ordinaires, destinés au grand public, qu'elle devient une sorte de spécialité.

Qu'est-ce qui provoque ce divorce entre art et public : l'effort demandé ? la difficulté d'accès ?

C'est une question que je me suis souvent posée, pour la musique en particulier, et à laquelle je ne trouve pas de réponse. Je n'ai pas de réponse, et il me semble qu'il n'y

21

a pas de solution non plus, que la crise actuelle — si l'on peut parler de crise — ne peut pas être réglée par des correctifs, des changements d'orientation. On ne peut tout de même pas dire aux compositeurs : « Écoutez, vous exagérez, vous perdez votre public ; si vous faisiez une musique qui soit un peu plus agréable, plus conforme aux attentes, ça irait mieux ! » Ce serait les inviter à trahir ce qu'il y a d'essentiel en eux.

Je dois dire d'ailleurs que sur beaucoup de questions que pose mon époque, je suis perplexe, je ne sais trop que penser. J'essaie de vivre les questions, de vivre avec les questions, ou même — là, c'est mieux — *dans* les questions, dans les contradictions qu'elles impliquent. Entre les nécessités dont vivent les compositeurs et les difficultés d'écoute, de lecture, qu'éprouvent les auditeurs, on ne peut pas choisir. C'est peut-être là une des figures de l'éclatement dont on parle si souvent à propos de la culture contemporaine.

Dans une entrevue qui est passée à Radio-Canada, figurez-vous, le 20 mai 1980, vous compariez votre travail d'écriture à la musique de Bach, et vous disiez que votre idéal serait que votre style puisse avoir à la fois la légèreté et la précision d'une fugue de Bach.

Ai-je vraiment dit ça ? On parle, on parle… Je m'exprimerais différemment aujourd'hui. Oui, bien sûr, Bach est un idéal, mais un idéal très éloigné ; je dirais même plutôt qu'il représente pour moi une énigme, une des énigmes les plus solidement nouées de mon expérience musicale. Je suis très touché par ce qu'en disent ceux qui habitent vraiment sa musique. Par exemple, le pasteur allemand Dietrich Bonhoeffer, qui avait participé à un attentat contre Hitler, et dont les lettres de prison sont admirables ; il disait, dans une de ces lettres, que le contrepoint, les fugues de Bach étaient la forme la plus convaincante, la plus profonde du dialogue humain. Mais, malgré cela, je n'ai jamais l'impression d'entrer chez Bach comme j'entre chez Beethoven, par exemple, dont les derniers quatuors sont pleins de questions, d'ébauches de réponse, de choses non décidées. Chez Bach, j'ai l'impression — superficielle, sans doute, superficielle ! — que les choses sont données d'avance, que l'œuvre se développe d'une façon extrêmement ordonnée, harmonieuse, jusqu'à une conclusion inévitable. Je n'irais pas jusqu'à dire, avec Albert Cohen, cela se trouve dans *Belle du Seigneur,* que les *Brandebourgeois* sont de la musique pour « scieur de long » ! Je viens de réécouter quelques pièces du *Clavier bien tempéré,* jouées par Glenn Gould. Je sais, en l'écoutant, que j'ai tort de ne pas aimer suffisamment Bach.

Vous venez de mentionner Glenn Gould...

Glenn Gould, je ne cesse pas d'en parler, c'est pour moi un sujet inépuisable. Il est, certainement, un des musiciens, un des hommes les plus étonnants de notre siècle, et le grand méprisant des lettres autrichiennes, Thomas Bernhard, l'a bien reconnu, en en faisant le héros d'un de ses romans, *Le naufragé.* Un pianiste inouï, maître d'une technique sans pareille ; un interprète qui a travaillé, qui a réfléchi comme personne — lisez ses textes, ses essais, ses lettres — ; enfin, par-dessus tous, un esprit extrêmement original, inventif, qui s'est livré à toutes sortes d'expériences fécondes.

23

Les émissions de radio qu'il a faites sur la solitude — la *Trilogie de la solitude* — comptent certainement parmi les œuvres essentielles de la culture canadienne-anglaise. Et j'oserais dire canadienne tout court, parce qu'il y aurait des rapports intéressants à faire entre la solitude dont fait état Glenn Gould et celle d'un Saint-Denys Garneau... Ce n'est pas non plus un hasard si un des plus beaux films jamais tournés au Canada, et un des plus beaux films jamais tournés sur la musique — je l'ai lu dans *The New Yorker*, donc c'est vrai —, est celui qu'a fait François Girard sur Glenn Gould.

Mais la musique au vingtième siècle, surtout depuis une quarantaine d'années, c'est aussi le rock. Vous n'aimez pas, je crois.

De la musique, le rock ! Si vous y tenez absolument. Je donne au mot musique un autre sens. J'ai lu avec beaucoup de plaisir et un rien de délectation, dans un des derniers livres de Milan Kundera, une charge à fond de train contre le rock, dans lequel il voit, ou entend, une mécanisation impitoyable de la vie, de la conscience. Comme j'aime beaucoup Kundera, je me suis senti confirmé dans tous mes préjugés à l'égard du rock. Quand je suis arrêté à un feu rouge, il y a toujours une voiture en arrière ou à côté de la mienne qui hurle du rock, boum-boum, boum-boum. Je trouve ça absolument insupportable. Marshall McLuhan, pour lequel j'ai toute la considération qu'il faut, a beau me dire que le rock est devenu la langue universelle qu'on attendait depuis si longtemps, le tam-tam du monde nouveau, je ne marche pas, je ne danse pas.

24

Il m'est arrivé (je le confesse entre parenthèses) d'entendre des choses, des chansons de Janis Joplin en me disant : il y a peut-être là quelque chose... Mais les autres, grands dieux ! Je ne parle pas ici de Robert Charlebois, que j'aime beaucoup et qui, lui, utilise le rock à des fins tout à fait différentes. Mais le rock, le rock officiel, celui qui fait courir les jeunes au Forum, où ils dépensent des fortunes, non, franchement, je déteste.

Vous seriez d'accord avec Adorno reprochant à ce qu'on appelle parfois la « culture rock » d'orchestrer des messes collectives qui annulent l'individu tout en faisant semblant, par simulacre, de valoriser l'individualité ?

Adorno a très souvent raison. Ce ne sont pas des foules qui vont aux spectacles rock, ce sont des hordes. Il est vrai d'ailleurs que la jeunesse — le public rock est le public jeune — est naturellement conformiste, grégaire ; l'individualité, cela ne se trouve pas au berceau, cela s'acquiert, lentement, difficilement. Cela ne veut pas dire que les jeunes sont moins brillants, moins intelligents que nous. L'expérience de l'enseignement, où j'ai rencontré tant d'étudiants remarquables, m'interdit de conclure dans ce sens. Mais enfin je pense qu'on les dote un peu trop vite du pouvoir de guérir les maux du monde. Les jeunes péquistes, les jeunes libéraux, les jeunes action démocratique — tiens ! une autre spécialité québécoise — disent au moins autant de sottises que leurs aînés...

Encore un mot sur la musique, si vous permettez. Plus exactement sur la chanson, qui a fait connaître le Québec dès le début des années cinquante, avec Félix Leclerc, mais de manière plus importante à la fin des années soixante et au cours des années soixante-dix. Comment expliquer ce surgissement et ce succès durant au moins vingt ans ?

J'ai l'impression qu'il y avait là une avenue toute prête pour la créativité québécoise. Et cela vient peut-être de ce que, comme le pensait André Belleau, on aurait conservé chez nous un rapport particulièrement étroit avec la culture populaire. Ce rapport est nécessaire, mais non suffisant ; il ne s'agit pas de refaire sans cesse la Bolduc, il y faut une inscription moderne, et c'est de la conjonction de ces deux éléments, de l'ancien et du nouveau, que naît la chanson. J'ai assisté à « L'Osstidcho », non pas au grand spectacle qui a rempli la Place des arts pendant des semaines, mais aux premières représentations, données dans un petit théâtre, et j'ai été comme sonné. Quand on entendait pour la première fois Charlebois chanter *Lindbergh* — avec Louise Forestier, il ne faut pas l'oublier —, on ne pouvait pas s'empêcher de penser qu'il y avait là, vraiment, quelque chose de tout à fait original, de neuf, d'important. Le texte de Pélo, ma foi, il ne vaut pas grand-chose en lui-même, sauf par une vague intuition de la transformation moderne, mais emporté par la musique de Charlebois, il acquérait une signification très riche.

Cette chanson a réussi à concilier le rock anglo-saxon et la langue française, non ?

Oui, je crois. Les tentatives faites en France pour opérer cette conciliation, celle de Johnny Hallyday par exemple, n'ont pas été très convaincantes. C'est ici que ça s'est passé. L'originalité québécoise dans ce domaine tient sans doute à notre situation de carrefour, entre l'Amérique anglophone et la France.

Vous connaissez Plume Latraverse ?

J'aime beaucoup, et je remercie mon fils de me l'avoir fait connaître ! Il est à la fois grossier et très intelligent, la grossièreté corrigeant l'intelligence et l'intelligence dressant la grossièreté. Attention : il emprunte à des moyens beaucoup plus subtils qu'il n'y paraît... Et sa langue, malgré les apparences, est travaillée, sa musique d'une compétence tout à fait remarquable. Je n'écouterais pas Plume pendant très longtemps, mais de temps à autre ça fait du bien, ça regaillardit, ça vous secoue, ça vous ramène dans la vraie vie (pas celle de Rimbaud !). Mais on ne mange pas du ragoût de boulettes, même admirablement cuisiné, tous les jours.

Si la musique compte beaucoup, je note par contre que vous avez peu écrit sur la peinture. C'est une question de formation ? d'intérêt ?

De formation. Je viens d'une famille musicale, où tout le monde ou à peu près faisait de la musique. Et je n'ai pas fréquenté les peintres. Je vais quand même dans les musées, comme tout le monde. Depuis quelques années, j'ai une passion pour Turner, pour ces tableaux extraordinaires où les formes du réel disparaissent, absorbées par le feu, par la lumière, par la brume...

Je suis venu à Turner par le critique Ruskin, auquel j'étais venu à cause de Rimbaud. Ce serait un peu compliqué à expliquer, je renvoie à mes livres ! Les choses se passent souvent ainsi, pour moi : je n'ai pas de programme de recherche, je glisse de sujet en sujet, d'œuvre en œuvre. C'est à cause de Rimbaud, aussi, que j'ai entrepris de lire Michelet, l'historien ; et c'est peut-être à cause de Michelet que je suis venu à l'historien François-Xavier Garneau, le père non seulement de l'histoire, mais de la littérature québécoise. Me voilà rendu loin de la peinture, et de votre question. Si je n'écris pas sur la peinture — sauf, et rarement, dans des cahiers tout à fait personnels —, c'est que je suis intimidé, que je ne veux pas dire trop de sottises. J'ai des amis qui s'y connaissent...

Vous venez donc d'une famille unie par la musique. Est-ce que la famille est quelque chose d'important pour vous ?

La famille ? Claudel disait qu'il y a deux sujets dont il convient de ne pas parler : la patrie et la famille. Parce que ce sont des sujets sur lesquels on peut dire trop facilement des âneries, et qui ne supportent pas les longs discours — encore moins les polémiques. La famille, je l'ai vécue, je la vis encore. Je ne vois pas comment on pourrait s'en passer. C'est essentiel, et difficile — de plus en plus difficile peut-être, à cause de l'évolution du monde. Mais essayez d'imaginer la vie sans famille... Par contre, les mouvements de défense de la famille, des valeurs familiales, me laissent assez froid, comme tous les mouvements de ce genre.

« Familles, je vous hais ! », disait à peu près Gide, un « ami »
de Claudel...

Un ami, puis un ancien ami... Pour dire « Familles, je
vous hais ! », il faut avoir vécu dans une famille bourgeoise bien nantie, solidement traditionnelle, sûre d'elle-
même. Chez nous, la famille ne l'était pas assez pour
qu'on se révolte contre elle. Comment me serais-je
révolté contre mon père, par exemple, quand il était prêt
à tout sacrifier, à mener une petite vie matériellement
très mesquine, pour donner à ses enfants l'instruction
dont ils avaient besoin ? On n'a peut-être pas le droit de
se sacrifier, de s'annuler soi-même ainsi, mais c'est là une
réflexion qui appartient peut-être, pour l'essentiel, au
monde bourgeois. J'ai toujours été convaincu que mon
père est mort au moment où il s'est aperçu que son travail, son travail pour ses enfants, était terminé : je venais
de trouver un poste à mon jeune frère à Montréal, dans
le journalisme. À partir de ce moment, mon père aurait
pu mener une vie plus facile, sans soucis... Il est mort,
subitement. Sa raison de vivre, ses enfants, avait disparu.
La thèse est évidemment un peu risquée, mais je n'ai
jamais pu penser autrement la mort de mon père.

Est-ce qu'il y avait un programme prévu pour vous, une
désignation d'avenir ?

Ce sont là des choses qui se passent dans les « familles
que l'on hait » ! Chez nous, il n'y avait pas de programme. Mon père avait des ambitions pour ses enfants,
notamment dans le domaine musical, parce que c'était
son domaine à lui. Il était très content que ma sœur

devienne pianiste, mon frère clarinettiste. Mais, pour le reste, l'ambition était générale : il voulait que nous fassions mieux que lui. Sans insister d'ailleurs. Je n'ai jamais subi, à la maison, quelque pression que ce soit. Mes parents ont toujours accepté facilement mes choix. Je vivais dans une famille très peu dominatrice. J'ai l'impression d'avoir hérité de ce trait : ils ne m'ont pas imposé de programme, et je ne m'en suis pas fait non plus !

Vous étiez bon élève ?

Il y a les matières scolaires, et la conduite. Pour la conduite, je n'étais pas un affreux, j'étais plutôt soumis, conformiste. Pour ce qui est des études, j'ai failli tout rater ; au début, j'avais des notes très faibles... Mais mon professeur d'éléments latins, qui disait qu'il était plus fait pour l'agriculture que pour l'enseignement, m'a convaincu de ne pas abandonner. Finalement, je suis devenu un assez bon élève, mais rien d'extraordinaire. J'ai fait mon cours classique comme ça, cahin caha, sans trop de difficultés.

Jeune, vous avez été scout également. Pierre Bourgault a d'ailleurs été un moment sous vos ordres...

J'ai une photo pour le prouver ! Le petit bonhomme, à gauche, au bout de la première rangée, c'est lui.

Quel était votre surnom ?

Il y avait « porc-épic », mais je ne me souviens plus de l'adjectif !

Ces expériences ont été importantes ?

Très importantes. Mais là, permettez que j'emploie le mot de Gide à propos de Victor Hugo : « Hélas ! » Je conserve un souvenir assez négatif, assez malheureux, de ma vie scoute — si l'on excepte quelques moments de grâce, des feux de camp le soir dans le bois, et cetera. Je n'étais pas fait pour être scout ; je ne suis pas un homme de la nature, les grandes excursions m'épuisent... J'imagine que je suis tombé là-dedans, et que j'y suis resté — jusqu'à devenir chef de troupe ! — par besoin de faire partie d'un groupe, d'une petite communauté. En fait, mes sympathies m'auraient peut-être incité plutôt à entrer dans les milieux d'action catholique, plus ouverts culturellement, mais les circonstances — toujours elles ! — en ont décidé autrement.

Est-ce que vous entreteniez parfois le rêve vague de devenir professeur ?

Oui, ça, très jeune. Il est évident que la vocation sacerdotale et la vocation de l'enseignement étaient presque confondues, pour moi, quand je suis entré au grand séminaire. Je devenais prêtre, j'allais enseigner au petit séminaire — où, par chance, tous les professeurs étaient prêtres ! — et le tour était joué, mon existence bien ficelée. En fait, je rêvais surtout — j'insiste sur le verbe — de mener une vie intellectuelle, et le professorat...

Vous envisagiez la vocation sacerdotale ?

Oui, comme beaucoup de monde... Nous étions dix-neuf dans ma classe, et quatorze sont entrés dans les

ordres. Sherbrooke, à l'époque, c'était des armées de sou-
tanes : les frères, les prêtres, sans oublier les bonnes
sœurs. J'ai fait mon cours primaire chez les frères, mon
cours secondaire chez les prêtres. Le seul professeur laïque que j'aie eu durant mon cours classique était le professeur de diction, qui venait de Montréal une fois par
semaine. La densité ecclésiale, cléricale, était extrêmement
forte. Aller au grand séminaire, devenir prêtre, c'était
normal en quelque sorte, et pour certains presque inévitable. On nous le disait régulièrement, au cours des dernières années du secondaire, au cours des retraites de
vocation. Je me rappelle un vieux vicaire général de
Nicolet qui disait en chuintant : « Ch'est diffichile de
faire cha vie dans le monde. » Nous riions, mais tout de
même ça entrait, ça impressionnait… Le monde n'était
pas bon. J'ai vécu là-dedans, dans cette atmosphère de
refus du monde, de peur du monde.

*Est-ce l'envie d'affronter ce monde qui vous a fait changer
de voie ?*

Peut-être, mais les choses, à cette époque, n'ont pas été
aussi claires. Je n'ai pas été malheureux au grand séminaire,
et l'idée ne m'est pas venue, quand j'en suis sorti, de mettre en question les idéaux, les valeurs qui y avaient cours.
C'est le corps qui a parlé — peut-être parce que l'esprit
n'osait pas s'avouer certaines choses ! J'ai éprouvé des malaises physiques peu importants mais durablement embê-
tants, qui m'ont poussé tout doucement vers la sortie.

Et ces malaises ne vous ont jamais repris à l'université ?

Pas les mêmes !...

Vous avez écrit un roman sur l'emprise que la religion avait sur les vies, Le poids de Dieu. *Au début, le narrateur se dit : « Tu es prêtre et c'est fini. »*

La phrase traduit sans doute une nostalgie chez le narrateur — moi ?... — de cette vie, de ce monde qu'il doit laisser derrière lui, des rêves d'amour, de famille, d'action laïque, d'action libre dans ce monde. Ce jeune homme entre dans la vie sacerdotale avec des dispositions un peu inquiétantes... Il y a de la révolte dans cette petite phrase, une révolte assez profonde sans doute mais qui n'ose pas dire son nom, qui reste sourde, à demi cachée.

Ce qui étonne, dans ce roman, c'est qu'à la fin le héros ne défroque pas. Pourtant tout semble conduire à cette conclusion.

Cela m'a été reproché — notamment par des amis prêtres. Oui, il est bien vrai qu'il aurait dû, selon certaines normes psychologiques, jeter la soutane aux orties. Mais voilà, mon personnage n'est pas un *gagnant*, un athlète de la cohérence, mais un pauvre garçon qui essaie de trouver son chemin entre des exigences contradictoires. Moi non plus, je ne suis pas du genre défroqueur, dans quelque domaine que ce soit. Je crois très profondément à la fidélité, une fidélité en quelque sorte transcendante, qui transcende les mille obstacles que la vie sème sur son passage. Cette fidélité n'est jamais loin de sa caricature, c'est-à-dire d'un attachement têtu à des choses dépassées.

Mais j'ose croire que... Quand mon personnage décide de revenir, de ne pas quitter la prêtrise, il y a certainement, dans sa décision, une certaine peur, la peur de rompre, mais il y a peut-être aussi autre chose. Le lecteur est autorisé à douter.

En 1945, vous aviez vingt ans. Comment voyait-on la guerre d'ici ?

Elle était loin, très loin, à des années-lumière... J'ai quelques souvenirs, des bribes : Daladier, à la radio, déclarant la guerre à l'Allemagne ; les tickets de rationnement, qui ne nous faisaient pas beaucoup souffrir ; l'entraînement militaire, quelques soirs par semaine, à ce qu'on appelait le « manège militaire », avec un sergent qui nous criait de nous coucher « parapet au sol » ; la crise de la conscription, qui a fait de moi un anti-conscriptionniste tout à fait inconscient... Des détails, en somme, rien que de petits détails. La guerre, pour moi, n'a pas vraiment eu lieu. Et je dois avouer que j'en suis, aujourd'hui, profondément scandalisé. Être inconscient, absent à ce point...

Le scandale m'a rejoint d'une façon particulièrement forte il y a quelque temps, quand on a célébré l'anniversaire du débarquement. Je voyais tous ces gens, ces soldats qui débarquaient en Normandie, qui se faisaient massacrer pour une cause que je sais maintenant juste, des gens dont beaucoup étaient des miens, et je ne pouvais pas m'empêcher de honnir le jeune benêt que j'étais à l'époque. Il est vrai que les courants idéologiques du milieu canadien-français avaient contribué puissamment à nous couper de ces réalités. Déjà, au cours de la

guerre civile espagnole, nous étions gagnés par une pro-
pagande effrénée à la cause franquiste. J'ai été franquiste,
bien sûr, impossible de ne pas l'être : les rouges massa-
craient les religieuses, et on ne nous parlait jamais des
massacres de Franco.

Autre évidence, la conscription : c'était évidemment une machination des Anglais pour nous entraîner
dans une guerre dont nous ne voulions pas. Pourtant les
Canadiens français y sont allés, en Europe. Je me suis
même laissé dire que le Québec a été, compte tenu de sa
population, la province qui a fourni au contingent le plus
grand nombre de volontaires. Les Canadiens français
n'ont pas été lâches, ils ont vraiment fait la guerre.
Pendant ce temps, nous, dans notre cocon, nous disions
non, ce n'est pas bien... J'ai lu récemment une phrase du
Devoir de l'époque, qui présentait l'Angleterre et l'Allemagne comme deux impérialismes concurrents. Ce qui
est une honte. Nous avons été nourris de textes comme
celui-là, avant et pendant la guerre.

Une dernière image. Tout juste après la guerre,
dans un cinéma de Sherbrooke, les actualités présentaient
des moments du procès Pétain. Les Canadiens français
ont applaudi le maréchal — travail, famille, patrie, c'était
tout à fait nous ! —, les Anglais ont protesté, la bagarre
a failli éclater. Il a fallu que j'arrive à Montréal pour,
disons, passer de Pétain à de Gaulle. Et sur la guerre
d'Espagne, j'ai lu quelques petites choses de Bernanos ;
Bernanos, qui avait donné quelques textes, durant la
guerre, à *La Relève*... Mais à Sherbrooke on ne lisait pas
La Relève, on lisait *L'Action nationale*.

Plus tard, vous avez écrit à L'Action nationale.

La revue avait tout de même changé. C'est André Laurendeau, le rédacteur en chef du *Devoir* où j'étais journaliste, qui m'a demandé d'y écrire des articles. Je faisais une confiance totale à Laurendeau. Je discutais parfois avec lui de son association avec cette revue nationaliste. Il me faisait à ce sujet des discours assez longs, subtils, d'où il ressortait essentiellement qu'il voulait transformer le nationalisme en y faisant entrer des éléments modernes, la pensée d'un Péguy, d'un Emmanuel Mounier, une certaine pensée de gauche en somme. André Laurendeau est certainement un des hommes les plus intelligents que j'aie rencontrés au Québec, et je ne puis m'empêcher de me demander ce qu'il serait devenu s'il avait vécu dans un milieu plus riche, intellectuellement plus exigeant. C'est une question que je me suis posée, également, à propos d'un certain nombre d'esprits éminents avec lesquels j'ai été en contact ici...

Il est allé en politique, mais il me semble que ce n'était pas pour lui.

Non, il n'était pas fait pour la politique, et il l'a reconnu assez vite ; il y est allé par devoir. Il souffrait d'agoraphobie, ce qui est très embêtant pour un orateur politique ! Mais il a été, certainement, un des grands journalistes du Canada français sinon le plus grand. Il savait écrire, il savait écouter, et il avait une culture impressionnante. La littérature a occupé d'ailleurs une place de plus en plus importante dans sa vie, au cours des années.

Laurendeau a été très proche de Saint-Denys Garneau.

Durant une certaine période, oui. Vous connaissez la photo où on les voit ensemble, sur une véranda de maison de campagne. Ils se ressemblent. Ils avaient sans doute des affinités très profondes, trop peut-être, oserais-je dire, pour que leur amitié puisse durer longtemps. Je me souviens de Laurendeau, me disant à propos de Saint-Denys Garneau : « Le Saint-Denys Garneau que j'ai connu n'est pas du tout celui de Jean LeMoyne, de Robert Élie, de Claude Hurtubise. Il me faisait l'effet d'un jeune païen qui avait des ivresses cosmiques, qui avait un contact très profond, heureux, avec la nature. » Mais André Laurendeau n'a pas connu le Saint-Denys Garneau d'après, celui qui était la proie d'angoisses assez effrayantes. Les lettres du jeune poète à Laurendeau ont un caractère très particulier, un caractère affectif d'une intensité étonnante, que les lettres aux autres amis n'ont pas. C'est presque le ton de l'amitié particulière.

Vous avez quitté le séminaire et fait du journalisme, lequel vous a mené de Sherbrooke à Montréal. Puis, là, vous retournez aux études pour faire une maîtrise — sur Saint-Denys Garneau justement. Comment les choses se sont-elles passées ?

En sortant du grand séminaire, je suis allé tout naturellement vers le journalisme, parce que tout ce que je savais faire (un peu), c'était écrire. J'ai trouvé un emploi à *La Tribune* de Sherbrooke, où j'ai fait mes premières armes. C'est là que j'ai vraiment appris le métier. Je n'y ai passé que six mois, mais six mois très importants pour moi : j'ai écrit dans toutes les pages, y compris la féminine et la sportive, sauf la financière. Il y avait là des gens assez étonnants : Alfred DesRochers dont j'ai déjà parlé, et Gilles Desroches, le directeur de l'information, un type terriblement autoritaire, dur, sévère, mais avec qui on apprenait le métier. On travaillait beaucoup, à Sherbrooke.

Au *Devoir*, le grand journal d'idées, on était beaucoup moins exigeant quant au métier. J'y suis arrivé parce que le père d'un de mes amis connaissait Gérard Filion. Je suis allé le voir, et au bout de dix minutes il m'engageait. Les choses se faisaient de cette façon, alors. Là aussi, j'ai fait de tout. *Le Devoir*, ce n'était pas que la page éditoriale.

Et puis j'ai décidé de me donner une petite formation, un petit diplôme, et je suis allé faire une maîtrise à l'université de Montréal, entre deux affectations journalistiques. Ma situation était assez particulière parce qu'à ce moment-là j'étais devenu critique littéraire, et il m'est arrivé d'avoir à faire la critique d'un livre écrit par un professeur. Heureusement, le livre était bon !

Vous êtes entré au Devoir *en 1948 — vous resterez jusqu'en 1955 — et là, vous avez tout fait encore une fois : tribunaux, faits divers, sports... La critique littéraire, c'est plus tard.*

Dès mon arrivée au *Devoir*, j'ai commencé à faire des articles de critique, à l'invitation de Jean-Pierre Houle qui était alors titulaire de la page. Et de fil en aiguille, j'ai fini par le remplacer. Ne me demandez pas de vous dire comment ça s'est fait ; je vois encore Jean-Pierre Houle transporter solennellement, de son pupitre au mien, les livres qu'il avait reçus en service de presse... Je n'étais pas fier. Mais c'était André Laurendeau qui avait pris la décision. Décision peut-être imprudente, parce qu'enfin, si je correspondais mieux que Jean-Pierre Houle aux désirs de la haute direction, je n'avais pas sa culture, j'étais assez ignorant. Je m'en suis tapé, des lectures ! Camus, Gide, Malraux, publiaient encore, à cette époque, et je connaissais très peu leurs œuvres. Parfois, pour écrire un article, je devais lire quatre ou cinq livres, pour rattraper mon retard. Peut-être ai-je bénéficié du privilège du retard historique dont parlait Lénine...

Lénine !

Lénine disait, si je me souviens bien, que les sociétés moins développées pouvaient arriver plus facilement au stade du communisme — qui était son idéal à lui, pas le mien — parce que leur marche n'était pas entravée par les préjugés du capitalisme. McLuhan a dit quelque chose de semblable : les Esquimaux étaient mieux préparés que d'autres à réparer les moteurs d'avions les plus récents, parce qu'ils n'avaient pas connu la civilisation industrielle classique. L'évolution du Canada français s'est produite un peu de la même façon. Après avoir subi un retard historique considérable, nous sommes arrivés à la modernité en deux temps trois mouvements. Une telle rapidité présentait d'ailleurs quelques inconvénients...

Aujourd'hui, on aurait plutôt tendance à essayer de montrer que le Québec n'a jamais été en retard en rien du tout, que les formes de la modernité en littérature ou ailleurs ont toujours existé.

Quand on veut absolument trouver, on trouve... Non, je suis injuste. Les choses sont un peu plus compliquées

qu'elles ne le paraissent dans mon schéma. Il est vrai
qu'Étienne Parent et François-Xavier Garneau avaient les
idées de leur temps, que Jean Rivard, le héros d'Antoine
Gérin-Lajoie, présente quelques traits précapitalistes, que
Maurice Duplessis, oui, l'affreux, a malgré tout fait avancer le Québec sur la voie d'un capitalisme industriel
moderne. Oui, tout cela est vrai, mais il me semble que
ce sont là des adaptations partielles, et que globalement
le retard historique — surtout dans le domaine des idées
— était incontestable.

*Montréal, c'est donc à la fois le journalisme, une autre vie
intellectuelle, la littérature moderne... Tout cela semble faire
partie de votre « arrivée en ville ». Que vous reste-t-il de ce
premier contact avec la grande ville ?*

L'impression première, bien sûr, est celle d'un égare-
ment : la ville est trop grande, elle est pour celui qui y
arrive un vêtement trop grand, on ne l'habite pas, on ne
l'endosse pas vraiment. J'avais loué une chambre chez
des gens très bien, rue Saint-Hubert près de Maison-
neuve (à l'époque, de Montigny), là où se trouve actuellement la gare des autocars. Ce n'était pas loin du
Devoir, qui se trouvait rue Notre-Dame ; j'y allais à pied.
En tant que journaliste, j'avais à me déplacer beaucoup
dans la ville, mais je ne me souviens pas d'avoir eu un
contact affectif avec ses rues, ses édifices. Montréal était
une ville, une grande ville, point final. J'imagine que je
m'y trouvais assez bien. Ce que j'y ai trouvé de plus précieux, peut-être, c'est l'anonymat. Le bienfait de la
grande ville, c'est de pouvoir y être absolument soi-
même et de pouvoir se perdre dans la foule. Il n'y a pas

vraiment de foule à Sherbrooke, à Trois-Rivières. À Québec, je ne sais pas.

En 1965 vous publierez Retour à Coolbrook, *qui raconte l'histoire d'un journaliste qui vit à Montréal, mais qui est né à Coolbrook (on songe à Sherbrooke, évidemment), et qui décide de revenir dans sa ville natale. Dans ce roman, l'opposition entre Montréal et Coolbrook est très forte. « À Coolbrook, y lit-on, depuis cent cinquante ans il ne s'est rien passé. »*

Je persiste et signe, du moins pour la période de ma jeunesse. Mais je dois dire que durant mes premières années montréalaises, j'ai parfois rêvé d'un retour à Sherbrooke — un rien de nostalgie peut-être —, et c'est à partir de ce rêve que j'ai écrit *Retour à Coolbrook.* Plus justement, dans mon roman, je tente de liquider cette nostalgie, comme dans *Le poids de Dieu* je voulais éloigner de moi mon aventure ecclésiastique... Le rêve de pouvoir qui a attiré le personnage à Coolbrook révèle sa vraie nature, son caractère parfaitement illusoire, et Maurice Parenteau se découvre, à la fin, plus seul que jamais. Le retour, presque par définition, est toujours un échec. On ne part pas, disait Rimbaud. On ne revient pas non plus.

La vie à Coolbrook a un caractère étouffant et cruel. Cela fait penser aux « petites villes » d'Anne Hébert, non ?

Dans une certaine mesure, oui. Mais si on peut détester profondément les « petites villes » d'Anne Hébert, il me semble que ma ville à moi — qui d'ailleurs n'était pas si petite que ça — ne provoque pas une révolte aussi forte.

Peut-être parce que, au fond, et ce que je vais dire n'est pas très aimable, elle n'existe pas assez, elle n'a pas assez de forme. Sherbrooke, telle que je l'ai connue du moins, est une ville plutôt sympathique, vivable sans doute, mais sans aucune sorte d'aura. On ne peut pas en avoir la nostalgie très longtemps !

Est-ce qu'on vous a accusé de parler de la ville en termes disgracieux ?

Non. Le scandale n'était pas énorme.

Dans le roman, vous exécutez Trois-Rivières en ces termes : « À Trois-Rivières les rues vont et se croisent de si bizarre façon qu'on s'y égare plus souvent que dans une grande ville. Vous me direz qu'à Paris les arrondissements ne facilitent pas la tâche du promeneur, mais il y a du plaisir à s'égarer à Paris. À Trois-Rivières on s'égare, un point c'est tout, pour rien... »

À Sherbrooke, on avait du mépris pour Trois-Rivières, je ne sais trop pourquoi. C'est une ville que je connais très peu d'ailleurs. Mais, curieusement, j'ai retrouvé le même sentiment, sur Trois-Rivières, dans un article écrit par un écrivain belge, dans un ouvrage collectif intitulé *La Belgique malgré tout*. Trois-Rivières serait-elle en train de devenir le symbole universel de la ville nulle ? On arrive à la gloire comme on peut !

Mais vous parlez aussi de Montréal en termes peu flatteurs : « Montréal n'est pas un lieu mais un simple carrefour. » Et

vous qui arrivez en ville, vous écrivez un roman dont le
personnage s'en va.

Ce qui peut, bien sûr, être lu comme un refus. Mais il y
a une manière de dialectique entre la petite ville, qui est
essentiellement un lieu d'identification — parce que c'est
petit, parce que c'est la ville paternelle et maternelle, et
cetera —, et la grande, Montréal, la ville où l'on arrive,
qu'on ne connaît pas bien et qui est traversée par beaucoup de courants divers.

Il faut observer également que le Montréal auquel je
me réfère, mythiquement ou imaginairement, dans ce
texte, est celui des années cinquante. C'est une ville moins
bien organisée, visuellement, que celle d'aujourd'hui.
Montréal est beaucoup plus beau, en 1996, qu'il l'était à
ce moment-là, il faut le dire. Il a bénéficié du grand
ménage de l'Expo, en 1967. Quand j'ai commencé à travailler au *Devoir,* au début des années cinquante, les
bureaux du journal se trouvaient rue Notre-Dame, près du
marché Bonsecours qui était à l'époque un véritable marché, avec des légumes et tout. L'édifice était remarquablement vétuste, sale, envahi par les rats, et régulièrement
menacé par l'incendie. Sympathique, mais… Autour, les
autres édifices ne se portaient pas mieux. Le Vieux-
Montréal, en somme, ce qu'on appelle aujourd'hui de cette
façon, avec les inévitables connotations touristiques, n'existait pas. Je me souviens du moment où Eric McLean, le
critique musical du *Star,* a acheté la maison de Louis-
Joseph Papineau et entrepris de la rénover. Il y fallait plus
que de l'audace. C'est à partir de telles entreprises et du
déménagement du marché, que le Vieux-Montréal a commencé à renaître, à devenir ce qu'il est aujourd'hui.

43

Pour revenir à l'idée de carrefour que vous évoquiez tout à l'heure, je lui donne un sens culturel général qui s'applique non seulement à la métropole, mais également à l'ensemble du Québec. Et ce sens, pour moi, est positif, il contient une promesse. Carrefour ou, comme je l'ai dit ailleurs, gare de triage. Nous sommes évidemment nord-américains, nous vivons très près des Américains, et dieu sait que nous les aimons, que nous aimons aller chez eux, commercer avec eux... Mais nous entretenons également des rapports profonds avec l'Europe, dans la mesure où nous n'avons pas fait, nous, comme les Américains, de révolution anti-européenne. D'où, peut-être, pour nous, une vocation comme naturelle, celle de la gare de triage ou, mieux, de la traduction, au sens le plus large du mot. Il y a là, me semble-t-il une chance, que nous avons trop hésité à saisir.

Vous n'avez pas l'impression qu'il y a eu un certain rejet anti-européen ces dernières années, dans les médias et les arts de grande diffusion ?

J'ai l'impression qu'il s'agit là d'un phénomène de surface, contredit par ce qui se passe dans une aire culturelle peut-être plus étroite en apparence — en apparence seulement —, la poésie. Ce n'est pas toujours le nombre, le lourd, qui est déterminant. Ce qui se passe dans les secteurs les plus exigeants — certains diraient élitistes — de la culture concerne l'ensemble de la société, et l'exprime de façon plus vraie que ne le font les journaux. Lisez la poésie de ces grands traducteurs que sont Jacques Brault, Robert Melançon...

Toujours dans Retour à Coolbrook, *vous écrivez ceci :
« Montréal ne suffit pas à Montréal, cette grande ville, cette
métropole comme elle s'appelle orgueilleusement, demeure terriblement provinciale. Ni la grandeur, ni le génie ne s'y sont
jamais donné cours. » Puis le narrateur dit que cette grandeur et ce génie viendront : « On les attend. Ce sera qui le
grand romancier, le grand dramaturge ? il viendra, c'est
sûr. » Ces lignes relèvent presque d'une sorte de messianisme
romantique du génie...*

Attention : ces dernières lignes n'expriment pas, de manière
univoque, la pensée du narrateur. Je pratique ici le dialo-
gisme à la Bakhtine ! L'attente du grand romancier, ou du
grand peintre, ou de tout ce qu'on voudra est moins le fait
du narrateur que celui de l'*autre,* de la rumeur générale.
L'attente du grand roman est d'ailleurs un phénomène
typiquement américain : *The Great American Novel.* Ici, le
thème a été colporté pendant quelques années — j'entends
encore Gaston Miron le clamer dans des réunions diverses —, mais il est complètement disparu. On l'a remplacé
par un thème beaucoup plus consolant, beaucoup plus
gratifiant, celui de la littérature nationale, de la littérature
québécoise. Pas besoin d'attendre, là, d'espérer, c'est tout
fait, il n'y a qu'à ramasser : voyez les énormes tomes du
Dictionnaire des œuvres littéraires du Québec. Petite littérature est devenue grosse, d'un coup. En même temps, il
faudrait peut-être dire hélas, l'idée même de grandeur est
disparue. Nous avons peut-être perdu au change. À la
réflexion, j'enlève le peut-être...

*Dans une phrase que je citais il y a quelques instants, vous
dites qu'à Paris on s'égare avec plaisir. Un de vos récits,* Un

45

voyage, *raconte celui que fait un fonctionnaire à Paris. Le voyage à Paris est un motif archi-couru de la littérature québécoise. Était-ce nécessaire pour vous d'en faire un ?*

Oui, très profondément. Il fait même partie de mes rêves, de mon fonds onirique si je puis dire : je rêve que je suis à Paris, que j'y arrive, que je ne réussis pas à en revenir... Ce qui m'attire à Paris, ce n'est pas seulement sa beauté, sa richesse culturelle, mais aussi ce que j'appellerais une essence française, que je retrouve dans les quartiers les plus banals, les plus ordinaires. Je me souviens de certaines promenades dans des rues qui n'avaient aucun attrait particulier sauf d'être françaises, indiscutablement françaises, et d'y avoir éprouvé un singulier bonheur. J'ai sans doute une mémoire parisienne, une mémoire française qui remonte à mes jeunes années — bien avant le premier voyage à Paris —, et qui a fait que, lorsque j'y suis arrivé pour la première fois, je n'ai pas découvert mais véritablement reconnu. Effet de littérature ? Peut-être, sans doute...

Ce n'est pas qu'à Paris je me sente parfaitement chez moi, non, il y a une distance, une différence certaine ; Paris n'est pas ma ville, elle ne m'appartient pas. Mais c'est une ville dont j'hérite, sans laquelle je ne suis pas tout moi-même.

Et puis, Paris me donne, mais là vraiment, le goût d'écrire. Je n'y reste jamais un peu longtemps sans avoir le goût d'écrire, sur la petite table — généralement très malcommode ! — de ma chambre d'hôtel. C'est dans l'air, dans l'atmosphère. Écrire, à Montréal, ce n'est pas naturel, cela ne va pas de soi ; à Paris, l'écriture ne devient pas plus facile, mais elle est en quelque sorte attendue.

Saint-Denys Garneau fit également son voyage à Paris. Mais le moins que l'on puisse dire est que cela ne se passa pas bien. À quoi attribuez-vous sa panique, son retour précipité ?

J'ai fait avec Jean LeMoyne, il y a plusieurs années, le parcours de Saint-Denys Garneau à Paris. C'était extrêmement émouvant. Que s'est-il passé ? Il arrive qu'on désire trop Paris, qu'on en attende trop ; ou, à l'inverse, qu'il donne trop, et que le contraste entre la difficulté (ou la pauvreté) culturelle vécue à Montréal — on sait avec quelle intensité Saint-Denys Garneau l'a vécue — et l'abondance parisienne soit insupportable. Ce qui est arrivé à Saint-Denys Garneau est également arrivé, en moins grave, en moins tragique, à d'autres écrivains québécois. Je pense à celui-là, au cours des années cinquante, qui est resté toute une semaine terré dans sa chambre de la maison des étudiants canadiens, n'osant pas sortir, s'aventurer dans la ville. Le défi était trop grand, il y avait trop d'air tout à coup. Mais il y en a eu d'autres qui ont vécu Paris avec un très grand bonheur, je pense à Roland Giguère dans son minuscule appartement de Montmartre, à Gaston Miron arpentant sans fin les rues de la ville, rencontrant des écrivains...

Retour à Coolbrook développe un thème qu'on ne rencontre pas très souvent dans la littérature québécoise : le sport. La littérature et le reste, cet échange de lettres que vous avez eu avec votre collègue André Brochu, file également beaucoup la métaphore sportive. De quel bois se chauffe votre amour du sport ?

Les chroniqueurs sportifs sont une race qui m'a toujours été sympathique. Ils sont souvent plus drôles, plus originaux que les chroniqueurs, disons politiques. Je me souviens de Bert Soulières, au *Devoir,* un personnage coloré, gueulard, rieur, avec qui je faisais beaucoup de bruit. Nos pupitres étaient contigus, comme si la littérature et le sport étaient appelés à faire équipe. Quelques-uns des meilleurs écrivains américains ont été chroniqueurs sportifs, ou ont traité des sujets sportifs : Hemingway, bien sûr, qui a pratiqué le métier au *Toronto Star,* et le merveilleux Damon Runyon, aujourd'hui bien oublié, qui a écrit sur le monde des courses de chevaux — qui ne m'ont jamais intéressé ! — des nouvelles extraordinaires. Je n'ai jamais pensé devenir journaliste sportif ; c'était, au plus, un fantasme. Au cours des six mois que j'ai passé à la rédaction de *La Tribune,* à Sherbrooke, on m'a envoyé « couvrir », comme on dit dans le métier, un match de lutte. Vous êtes assis tout à côté de l'arène, vous prenez des notes, et vous avez sans cesse peur qu'un des costauds vous atterrisse sur la tête... C'est un métier extrêmement dangereux. Les risques sont, à tout prendre, moins grands en critique littéraire. Il reste que le sport est un terrain très favorable à l'expérimentation littéraire.

Les chroniqueurs sportifs sont pourtant souvent ennuyeux et répétitifs, vous ne trouvez pas ?

À vrai dire, je ne les lis pas beaucoup. Mais il y a une observation intéressante à faire sur la chronique sportive à Montréal : c'est là que se sont produits les progrès de langue les plus évidents, depuis une trentaine d'années. Les chroniqueurs sportifs, à l'époque où je me trouvais au *Devoir*, c'est-à-dire au cours des années cinquante, écrivaient une langue extrêmement terne, grise, répétitive, sans aucune sorte de fantaisie, d'éclat. Aujourd'hui, ils font des fautes, oui, et parfois en quantité industrielle, mais beaucoup d'entre eux pratiquent une langue vivante, voire même inventive à l'occasion, qui n'est pas à mépriser. Je n'aime pas les fautes de français, mais je préférerai toujours une langue vivante, parfois fautive, à une langue correcte et morte. La revitalisation de la langue, dans les chroniques sportives, est une des manifestations les plus évidentes du renouveau linguistique provoqué par la révolution tranquille.

Chaque sport donne des indications sur la mentalité collective. Le tour de France par exemple recycle — c'est le cas de le dire — de vieux fonds héroïques typiquement bleu-blanc-rouge. Dans votre roman, vous dites que c'est le hockey qui est le vrai sport canadien. Comment le situez-vous par rapport au baseball ou au football ?

Il faudrait peut-être poser la question au fantôme de Roland Barthes... Roland Barthes est venu à Montréal, à l'invitation d'Hubert Aquin, au début des années cinquante, pour faire à l'Office national du film le commentaire d'un film sur le sport. Il rencontrait pour la première fois le hockey, si je ne me trompe ; et il n'a pas apprécié, il a trouvé ça trop brutal, trop instinctif. C'était un délicat, Roland Barthes. Il est vrai que si le hockey, disons le hockey canadien-français, c'est Maurice Richard, il faut dire qu'il ne célèbre pas le calcul, la stratégie ou la lente conquête, comme le football, mais le coup de sang ou d'énergie, le miracle soudain, l'exception, l'explosion. Avez-vous déjà vu Maurice Richard écrasé par deux défenseurs extrêmement costauds, non seulement à genoux mais couché sur la glace, et réussissant malgré tout, contre tout espoir, dans un effort qui conscrit l'extrême des forces humaines, à soulever la rondelle et à l'envoyer derrière un gardien de but stupéfait ? C'est ça, le hockey. C'est-à-dire, au choix, ou tous ensemble : Dollard des Ormeaux, d'Iberville à la baie d'Hudson, la bataille de Chateauguay, le débarquement de Dieppe... Le hockey canadien-anglais est-il différent ? Grande question... Je ne crois pas. Mais le hockey russe, contaminé par le football européen, l'est assurément.

Le baseball, d'autre part, a une existence littéraire appréciable au Québec — lisez le beau roman de Jean-Paul Fugère, *Les terres noires* —, mais il n'est pas né natif, nous l'avons importé sans l'adapter. Il fait partie de notre culture passive, qui est d'ailleurs assez riche.

Pourtant, j'ai déjà lu dans un article de George Bowering, critique de Vancouver, que le baseball était un sport beaucoup plus canadien qu'américain. Si mes souvenirs sont exacts, le baseball lui apparaissait comme une manifestation pacifique et tranquille, entrecoupés de beaux coups, dont les règles étaient lâches, plutôt malléables (les joueurs mangent quelquefois de la pizza sur le côté du terrain, ils discutent, font des blagues).

La dernière fois que je suis allé voir une partie de baseball, il y a déjà plusieurs années, ce qui m'a frappé et que je n'avais pas ressenti dans ma jeunesse, faute de maturité sans doute, c'est le gazon, cet immense gazon vert qui apaise aussitôt le regard, le rend agréablement paresseux.

Passe de temps à autre, dans le ciel, un avion, qui n'a pas l'air d'être pressé. Le baseball est un lieu de paix, de détente. C'est pourquoi les bagarres y sont si scandaleuses ; quand un lanceur atteint (volontairement ?) un frappeur et que les autres veulent venger leur camarade, on est attristé, il y a quelque chose qui ne va pas. Au hockey, par contre, c'est l'absence de bagarre qui serait inquiétante. Votre intellectuel qui voit dans le baseball un sport plus canadien qu'américain, il est bien de Vancouver, n'est-ce pas ? Vancouver, c'est un autre monde. « Toi qui pâlis au nom de Vancouver », disait le poète belge... À Vancouver, on est plus près de Tokyo — où l'on joue paraît-il de l'excellent baseball — que de Montréal. J'exagère peut-être un tout petit peu.

Je sais que vous êtes amateur de football, ce qui, pour moi, relève du plus absolu mystère...

Vous connaissez la définition qu'on a donnée du football, image par excellence de la société américaine : une série de réunions de comités, suivies d'accès de violence.

Ce que je n'ai jamais réussi à comprendre et qui m'émerveille toujours, au football, c'est la longue passe. Voici un quart arrière qui est poursuivi par un certain nombre de brutes molletonnées, prêtes à tout pour le tuer ou du moins le blesser gravement. Il recule, protégé plus ou moins efficacement par sa propre ligne d'attaque, et il aperçoit alors un type qui porte un chandail de la même couleur que le sien, cinquante ou soixante verges plus loin, également poursuivi par des brutes qui veulent également le tuer ou le blesser. Il lance quand même le ballon, et l'autre l'attrape. Miraculeux. C'est une des choses les plus étonnantes que j'ai vues dans le sport.

Quant aux réunions de comités…

Bon, revenons au sport littéraire. Votre maîtrise, en 1951, va porter sur Saint-Denys Garneau. Quelles raisons ont motivé ce choix ?

Au petit séminaire, on utilisait le manuel de monseigneur Camille Roy, qui n'était pas effroyablement moderne, mais avait le mérite d'être écrit en bon français. J'ai donc lu un certain nombre de choses canadiennes-françaises, des anciennes, de Crémazie à… je ne sais plus, qui ne m'ont pas particulièrement séduit. Monseigneur Roy ne tenait pas la poésie de Saint-Denys Garneau en très haute estime, et je ne l'ai pas lue à cette époque. La littérature contemporaine du Québec, au séminaire Saint-Charles-Borromée comme d'ailleurs dans la presque totalité des collèges du Québec, à l'exception peut-être de Sainte-Marie et de Brébeuf, était pour ainsi dire inexistante. Je dis : la littérature contemporaine, mais en réalité ce qui était absent, ce qui n'existait vraiment pas, c'était la littérature comme telle, la littérature comme risque, aventure, le « vécrire » comme dirait Jacques Godbout. C'est à Montréal seulement qu'elle est devenue quelque chose d'important, que certaines œuvres sont devenues pour moi des enjeux décisifs.

La rencontre avec Saint-Denys Garneau a cependant été capitale, à telle enseigne que votre personnalité de critique va être liée à son nom pendant de nombreuses années. Pourriez-vous décrire cette rencontre, cette affinité élective ?

J'ai eu d'abord à faire, au *Devoir,* la critique d'un petit livre sur Saint-Denys Garneau, écrit par une anglophone, M. B. Ellis, qui n'était pas très bon. Puis sont arrivées, en 1950, les *Poésies complètes,* avec la belle préface de Robert Élie, et j'ai été immédiatement conquis. Il n'est pas impossible que je sois entré dans cette poésie par la mauvaise porte, que je l'aie aimée au début pour de mauvaises raisons. J'ai d'abord lu Saint-Denys Garneau comme, si vous voulez, un confident. Je veux dire que je retrouvais chez lui mon très lourd héritage, l'héritage catholique, l'héritage de la culpabilité, l'héritage du malaise de vivre — Jean LeMoyne analysera tout ça dans un texte superbe, un peu plus tard, avec une précision et une finesse extraordinaires. Aujourd'hui encore, quand je relis Saint-Denys Garneau, je suis saisi, et douloureusement, par ce remue-ménage dans les profondeurs de notre tradition. J'ai parlé de mauvaises raisons tout à l'heure, et j'avais peut-être tort : il fallait que je passe par cette lecture, que je fasse une telle lecture, il m'était impossible d'en faire l'économie.

D'autre part, la forme même de sa poésie me convenait tout à fait : cette poésie extrêmement simple, nue, qui aime le verbe être et le verbe avoir, qui n'emploie jamais de grands mots, qui reste tout près du murmure de la confidence, cela correspondait à l'idée que je me faisais instinctivement de l'écriture, de la poésie vraie. Je suis entré dans cette œuvre comme dans un domaine naturel. Mon Saint-Denys Garneau d'aujourd'hui n'est pas tout à fait celui-là, il est devenu plus complexe, il est devenu plus littéraire — au sens fort. Mais il me reste quelque chose de ma première lecture ; si je ne le reconnaissais pas, je serais infidèle à moi-même.

Saint-Denys Garneau a très vite été identifié à une sorte d'échec canadien-français. L'avez-vous lu comme cela ?

Oui, et... non. L'échec comme thématique existe à l'évidence dans la poésie de Saint-Denys Garneau, dans sa correspondance, dans son *Journal.* Je renvoie, à ce sujet, au texte de LeMoyne dont je parlais tout à l'heure. Sur un ton différent, pour des raisons différentes, plusieurs jeunes poètes des débuts de l'Hexagone, je pense en particulier à Gaston Miron et à Fernand Ouellette, ont éprouvé le besoin de s'éloigner de Saint-Denys Garneau pour cette raison-là précisément, parce qu'ils ne voulaient plus consentir à l'échec qu'ils lisaient chez le poète des *Regards et jeux dans l'espace.* Le jeune poète du début des années cinquante est un jeune homme qui veut avant tout, si je puis m'exprimer ainsi, *sauver sa peau,* libérer une existence dont il a l'impression qu'elle a été empoisonnée par une certaine tradition. Et quand on veut sauver sa peau, il est bon de se trouver des boucs émissaires. Saint-Denys Garneau — précisément parce qu'il désignait le mal avec une précision implacable — était tout désigné. De sorte qu'il y a eu, oui, chez certains jeunes poètes, et pas les plus médiocres, un écart voulu par rapport à son œuvre ou ce qu'exprimait son œuvre (on a souvent confondu...), un refus de ce qu'il semblait dire, un mouvement vers un autre lieu.

En général, ces poètes vont jouer Grandbois contre Garneau, et on a un peu l'impression, à propos de ces deux poètes, que, dans la poésie québécoise moderne, lorsque l'un des deux sort de la vague, l'autre y rentre. Seraient-ils deux symboles de « l'âme québécoise », si je puis m'exprimer ainsi ?

Deux symboles de l'âme québécoise ? Oui, je vois : d'un côté la discrétion, le murmure presque, le repli sur les valeurs intérieures, le drame de la culpabilité ; de l'autre, la grande éloquence, la rhétorique visible, les images du vaste monde, la vision cosmique... C'est ainsi que beaucoup de lecteurs, de commentateurs, ont vu les choses. Pour reprendre une opposition un peu trop facile, l'*habitant* et le *coureur des bois,* le Québécois faisant du surplace dans son identité malheureuse et le Québécois aventurier, allant chercher des raisons de vivre dans tous les ailleurs. Il me paraît, à moi, que la littérature, que la poésie se laisse difficilement réduire à des schémas comme celui-là, et qu'elle a l'art — qu'elle a pour fonction peut-être — de changer le signe des images convenues. On peut soutenir que depuis quelques années c'est l'œuvre de Saint-Denys Garneau plutôt que celle de Grandbois qui est lue avec ferveur, qui ouvre les horizons les plus larges, qui pose les questions fondamentales. Je ne suis pas loin de penser, certains jours, qu'il est notre plus grand écrivain. Grandbois ne cesse pas de m'importer pour autant, mais il a toujours été pour moi et il demeure encore, après je ne sais combien de lectures, une sorte d'énigme. Il m'étonne, il me transporte dans un lieu qui ne m'est pas familier ; je n'ai jamais réussi à en faire une lecture intime, intérieure, comme celle de Jacques Brault. Mais Brault, a été le seul, si je ne me trompe, à pénétrer ainsi dans l'œuvre de Grandbois...

La culpabilité dont vous parlez est d'habitude rapportée au climat passéiste de l'époque. Mais Garneau ne dit-il pas jus-

tement que la culpabilité ce n'est pas ça ? Ce n'est pas celle en tout cas que l'on pourrait trouver chez un idéologue comme Lionel Groulx.

Il n'y a pas de culpabilité sans vie intérieure, sans *vie interrogative,* et je ne vois rien de cela dans l'œuvre de Groulx. Chez Groulx, la question n'est pas si tôt posée, qu'apparaît la réponse. Il n'a pas de temps à perdre dans les méandres de la vie intérieure, et l'angoisse — je parle de ses écrits, je ne parle pas de sa personne, dont je ne connais à peu près rien — lui est résolument étrangère. On peut dire cependant qu'il propage les instruments de la culpabilité, et que les angoisses d'un Saint-Denys Garneau viennent en grande partie — c'est la thèse de Jean LeMoyne, et elle me paraît tout à fait juste — d'une culture catholico-nationale dont Groulx est un des principaux représentants. Ces angoisses, la plupart des écrivains canadiens-français les ont connues, traversées, et on en retrouve encore beaucoup de signes dans la littérature actuelle, la révolution tranquille n'a pas tout réglé ! La culpabilité n'est pas qu'un sentiment exaspéré, imaginaire de la faute ; elle est aussi, essentiellement, une pauvreté. Je me souviens d'un mot de Jean-Paul Geoffroy, un ancien de l'action catholique et de *Cité libre,* un syndicaliste exemplaire, qui m'a beaucoup frappé. En commençant son exposé, dans une réunion d'action catholique, il avait dit : « Ce qu'il faut dire d'abord des Canadiens français, de la société canadienne-française, c'est qu'elle est pauvre. » Il pensait peut-être surtout à la pauvreté matérielle, mais je crois qu'il évoquait aussi une autre forme de pauvreté, plus générale, incluant la dimension spirituelle. Quand Saint-Denys Garneau écrit « Le mauvais pauvre », son plus grand texte, le plus violent, le plus profond, c'est de cette pauvreté-là qu'il parle sans qu'il soit nécessaire pour lui d'avoir à l'esprit toutes les composantes de la question. Il touche le nerf, il touche la chose même.

Mais à quoi tient-elle, cette culpabilité ?

Je vous rappellerai le mot du vieux prédicateur de Joliette : « Ch'est diffichile de faire cha vie dans le monde »… C'est l'expression d'un catholicisme de serre chaude, qui oppose radicalement les valeurs du monde aux valeurs religieuses, seules considérées comme authentiques. Opposition qui se réduit souvent à celle de la chair et de l'esprit, dans un sens très différent de celui que saint Paul donnait à ces deux mots. Dans une telle perspective — héritée de l'austère spiritualité française du dix-septième siècle, aggravée, infiniment aggravée par l'isolement du Canada français, sa réaction de défense contre l'Amérique anglo-saxonne —, toute la joie du monde devient suspecte, et l'amour, et…

Cela ne veut pas dire que les Canadiens français aient été des puritains, des éteignoirs, des *casseux de veillée,* comme on le disait hier (le dit-on encore aujourd'hui ?). À côté de la tradition noire, stérilisante du refus du monde, il y a, bien sûr, une tradition du rire, de la joie de vivre, une tradition quasi rabelaisienne qui s'exprime aussi dans notre littérature, des *Originaux et détraqués* de Louis Fréchette aux contes de Jacques Ferron — encore que ces derniers ne soient pas toujours si drôles qu'ils le paraissent à la première lecture. Mais c'est la première qui l'emporte en littérature, parce que la littérature est prise de conscience et ne peut se contenter des instincts vitaux qui soutiennent la deuxième, il lui faut chercher plus loin, dans une vie culturelle plus profonde, plus attentive aux contradictions du réel, ses raisons de vivre. Or, la voie culturelle, mon dieu, n'était pas largement ouverte, c'est le moins qu'on puisse dire.

Il faudrait peut-être ajouter à cela qu'à *La Relève*, où l'on agitait ces questions, où on se débattait avec ces questions, la deuxième tradition n'était pas absente. On riait beaucoup, dans les réunions du groupe, et je me souviens d'avoir vu des photos très drôles d'un Saint-Denys Garneau sans doute un peu éméché...

L'historiographie résume cette époque par l'expression « grande noirceur ». Quel rapport y a-t-il entre cette culpabilité et cette noirceur ?

Il n'y avait pas grand-chose de grand dans cette noirceur... Maurice Duplessis était un tyranneau de village, profondément conservateur, opportuniste, qui a joué des valeurs, disons plutôt des réflexes traditionnels du Canada français, pour se maintenir au pouvoir. Paradoxalement, son époque — elle débute au milieu des années trente pour se terminer à la révolution tranquille avec une interruption de quelques années — a été une, oui, il faut le dire, une époque de libération. Non pas à cause de l'action de Duplessis, mais par la révolte croissante que cette action a suscitée, aussi bien dans les milieux issus de l'action catholique que dans les milieux syndicaux, chez les intellectuels et même dans une partie du clergé. Il faudrait parler aussi de la guerre, qui, inévitablement, a fait sauter quelques verrous. Malgré les rappels à l'ordre, les tentatives de mise en ordre qui furent particulièrement fortes dans l'après-guerre immédiat, la période est marquée par une critique de plus en plus vive et de plus en plus efficace du vieux tissu canadien-français, de notre enfermement, de la célèbre hantise du « péché de Québec » (devinez lequel !), du conformisme social. On pouvait déjà prévoir, au début des années cinquante, que le tout-catholique du Québec allait éclater, avec cette culture de culpabilité dont j'essayais tout à l'heure — sans y réussir complètement, j'en suis sûr — de vous donner l'image, sinon la définition complète.

L'index sévissait à cette époque. Pour un intellectuel, cela ne devait pas être très agréable à vivre...

Au début des années cinquante, en 1950 très exactement, on a voulu célébrer à Montréal le centenaire de la mort de Balzac, comme cela se faisait un peu partout dans le monde. Pas question. L'œuvre de Balzac étant à l'index, comme la presque totalité des grandes œuvres romanesques françaises du dix-neuvième siècle, le vicaire général de l'époque, monseigneur Valois, de célèbre mémoire pour ceux qui l'ont connu, est intervenu pour dire que l'Église s'y opposait. Nous n'avons eu, pour célébrer le centenaire, qu'une tête de Balzac, sculptée par Robert Roussil si je me souviens bien, dans la vitrine de la librairie Tranquille, rue Sainte-Catherine, qui était à cette époque un petit refuge de liberté. Je dois dire, à ma courte et nationale honte, que très peu de médias ont résisté à l'oukase. Nous avons beaucoup fait rire, à l'étranger. François Mauriac, dans *Témoignage chrétien,* a écrit sur notre étroitesse d'esprit des choses cinglantes.

Je me souviens d'avoir, dans une des réunions pré-
paratoires au concile organisées à Montréal par le cardinal Léger — et auxquelles beaucoup d'intellectuels,
d'écrivains plus ou moins catholiques ont participé —,
demandé la suppression de cette chose ridicule qu'était
l'index. Ma communication a été reprise dans une grande
revue catholique, en France. Et un peu plus tard, Rome
obtempérait. Je me suis senti très puissant ! Dois-je préciser que je n'aurais pas osé faire une telle déclaration dix
ans plus tôt ? J'étais un catholique assez libéral, mais du
genre soumis.

*Du point de vue social et culturel, la fin des années qua-
rante et le début des années cinquante sont une période très
chargée :* Cité libre *est fondée en 1951,* La Nouvelle Relève
est active jusqu'en 1948, Combat *est dans le paysage,* Refus
global *paraît en 1948, l'Hexagone est fondée en 1953. Les*
Essais sur le Québec contemporain *de Jean-Charles
Falardeau paraissent aussi en 1953, etc. En face : Duplessis.
Vous participez à l'action de plusieurs groupes. Quelles ont
été vos relations avec tous ces mouvements et avec le duplessisme ?*

En ce qui concerne le duplessisme, Duplessis, la réponse
est très simple : j'étais contre, je ne pouvais qu'être contre. J'étais au *Devoir,* qui était un des principaux foyers
d'opposition au régime, qui soutenait les grévistes
d'Asbestos, qui condamnait les abus de toutes sortes auxquels se livrait le gouvernement, et qui était particulièrement détesté par Duplessis. Je considère comme une
chance extraordinaire de m'être trouvé au *Devoir* durant
les années cinquante, dans un des quelques lieux où l'on

n'avait pas peur d'affronter directement le tyranneau. Il y avait André Laurendeau qui, subtilement, finement, mais avec une grande fermeté, attaquait le régime sur ses points les plus névralgiques, notamment l'éducation ; et Gérard Filion qui n'avait peur de personne, pas même de l'archevêque de Montréal (le cardinal Léger, première période) qui était peut-être au fond plus dangereux que le premier ministre, du moins dans les domaines où je travaillais au *Devoir*.

La Relève, La Nouvelle Relève, je ne les avais pas lues ; à Sherbrooke, c'était à peu près inconnu, c'est *L'Action nationale* que lisaient les audacieux. Plus tard, après la disparition de la revue, et grâce en particulier à mes petits articles sur Saint-Denys Garneau, j'ai fait la connaissance de plusieurs membres de l'équipe, Claude Hurtubise, Jean LeMoyne, Robert Élie, avec lesquels je me suis senti immédiatement, malgré la différence d'âge, en profonde sympathie. Entre *La Nouvelle Relève* et *Cité libre,* il n'y avait qu'un pas à franchir, celui de l'engagement social ; dans l'une et l'autre revue, on s'inspirait des idées principales du catholicisme libéral français, particulièrement celles d'*Esprit,* autonomie du domaine politique — et plus largement, temporel — par rapport aux prescriptions religieuses, promotion des libertés démocratiques, esprit de recherche, et cetera. LeMoyne et Élie ont d'ailleurs publié dans *Cité libre* des articles remarquables. Je me sentais, évidemment, très près de cette revue ; je connaissais quelques membres de l'équipe — notamment Gérard Pelletier, Maurice Blain, qui étaient également au *Devoir* —, et son programme, ses intentions fondamentales ne pouvaient qu'agréer au jeune homme que j'étais, de même qu'à la presque totalité de la jeunesse un peu progressiste de l'époque. Je me marre — comme dirait Pierre Elliott Trudeau — quand je vois certains analystes sociaux d'aujourd'hui attribuer à *Cité libre,* avec un rien de mépris, ce qu'ils appellent l'« universalisme abstrait ». Ils étaient dans l'action sociale, eux, les Pelletier, Trudeau, Jean-Paul Geoffroy, jusqu'au cou, et leur action, durant la grève d'Asbestos, n'avait rien d'abstrait ! Les idées majeures de *Cité libre* sont encore, *grosso modo,* les miennes, et tout ce que je puis reprocher à la revue, c'est une certaine insensibilité au langage littéraire, particulièrement au langage poétique que commençaient à élaborer, à cette même époque, les jeunes de l'Hexagone.

Il y aurait beaucoup à dire sur la convergence des deux groupes (ils venaient tous deux des mouvements de jeunesse), leurs différences, voire leur opposition quand, à la fin des années cinquante, le nationalisme reprendrait du poil de la bête ; j'ai traité cette question dans un des textes de *Littérature et circonstances.* Pour moi, à l'époque, sans faire partie de l'un ou l'autre groupe, je tenais aux deux. J'ai assisté à la naissance de l'Hexagone, je l'ai vu grandir. Ma contribution principale à son action a été, sans doute, de publier un poème inédit d'un jeune écrivain, chaque semaine, dans la page littéraire du *Devoir.* On ne fait plus ça, aujourd'hui. En fait, on parle très peu de poésie dans les pages littéraires. Négligence, prépondérance indue du roman, de l'essai, ou... faudrait-il dire que la poésie d'aujourd'hui ne parle plus, a rompu les ponts avec les langages communs de la société ?

Combat, passons vite, une feuille officiellement communiste qui n'a joué à peu près aucun rôle dans la vie intellectuelle du Québec. Pierre Gélinas, son directeur, fera mieux dans le roman, après la fermeture, sous l'emprise des lois provinciales, de son journal. Quant à *Refus global,* ma foi, j'ai suivi l'affaire d'un peu loin. J'arrivais de Sherbrooke, je n'étais pas près du saint des saints comme ceux qui sortaient de Sainte-Marie ou de Brébeuf. Il faut dire aussi que *Refus global* était la chose des peintres, du milieu artistique, plutôt que du milieu intellectuel dans son ensemble. Le manifeste n'a pas eu beaucoup d'échos, d'influence, en dehors de ce premier milieu. On en a un peu parlé dans *Le Devoir* : André Laurendeau, pour protester contre le renvoi brutal de Borduas, professeur à l'École du meuble ; et Gérard Pelletier, dans la page jeunesse qu'il dirigeait, pour exprimer des divergences qui lui ont valu une réplique cinglante de Claude Gauvreau. Je pense que, rétrospectivement, on a beaucoup exagéré l'importance de l'événement. Le *Refus global* que nous lisons aujourd'hui, c'est le *Refus global* inventé, réinterprété, relu par les intellectuels des années soixante.

C'est aussi l'époque où on republie Nelligan, où Anne Hébert publie Le tombeau des rois. *L'Hexagone fait très vite sa marque en poésie. Les* Poésies complètes *de Saint-Denys Garneau paraissent également. On parlera plus tard de « l'âge de la parole ». Vous en tirerez* Le temps des poètes. *Il y a là, fondamentalement, auguralement, un mouvement poétique, et ce que vous me dites, c'est que* Cité libre *ne le reconnaît pas ?*

Entendons-nous bien, on avait de la culture à *Cité libre,* on avait des lectures littéraires, on y a publié des poèmes — ceux d'Anne Hébert en particulier —, Maurice et Jean-Guy Blain, Réginald Boisvert y parlaient intelligemment de littérature, surtout de littérature française. Mais je pense qu'on n'y était pas prêt à accueillir les œuvres poétiques québécoises, surtout celles des jeunes, comme des signes utiles, intéressants, précieux, de l'actualité profonde du Québec. Et cette attitude est devenue une véritable méfiance, à mesure que les jeunes poètes se laissaient attirer par le nationalisme. Je me rappelle le mot qu'a eu Trudeau, un jour, au cours d'une dispute qui tournait justement autour du nationalisme : « On m'a dit que ce monsieur (Jean-Guy Pilon) écrit de bons poèmes, et je veux bien le croire ; mais il devrait se contenter d'écrire des poèmes, et ne pas se mêler de ce qu'il ne connaît pas (c'est-à-dire la politique). » Quand la revue *Liberté* — à laquelle j'ai beaucoup collaboré — apparaîtra, à la fin des années cinquante, la scission deviendra encore plus nette : *Liberté* avait tendance à imaginer la parole poétique comme une parole politique, et *Cité libre* s'y refusait absolument.

Est-ce que la poésie n'était pas le langage qui permettait à cette époque de sauvegarder une communauté affective ?

Oui, sans doute, et à *Cité libre* on n'était pas très sensible à cet aspect des choses. À vrai dire, on se méfiait d'une « communauté affective » qui s'était beaucoup manifestée, traditionnellement, par son étroitesse et son peu de conscience sociale et politique. C'est peut-être à cause de cette méfiance que la revue a, pour ainsi dire, perdu pied au début des années soixante, devant le retour du nationalisme.

Cité libre, Liberté... *S'agit-il de la même idée de liberté ?*

La liberté, à *Cité libre,* est inscrite dans un système civique qui implique des devoirs, des responsabilités, c'est une liberté qui joue dans un espace organisé. La liberté, pour *Cité libre,* est un adjectif. À *Liberté,* on a de petites idées politiques, bien sûr, mais en isolant le substantif *liberté,* en l'installant tout seul sur la couverture de la revue, on en fait une sorte d'absolu. Cela signifie qu'on veut assumer, peut-être dans le désordre — ne parlons pas d'anarchie —, toutes les sortes de liberté.

Les deux revues, *Cité libre* et *Liberté,* se sont associées pour créer le prix « Liberté ». Elles l'ont donné, si je me souviens bien, un ou deux ans, puis la rupture inévitable s'est produite : les gens de *Liberté* ont voulu donner le prix à la revue *Parti pris,* qui venait de paraître, et ceux de *Cité libre* sont partis. Les premiers n'étaient sans doute pas d'accord avec toutes les idées de *Parti pris,* mais ils voulaient rendre hommage à une liberté assez brouillonne qui leur était sympathique. À *Cité libre,* on n'acceptait pas que n'importe quoi s'écrive au nom de la liberté.

Dans les années quarante, il y a aussi Gabrielle Roy. Quand on relit à la fois Bonheur d'occasion *et vos textes de cette époque, on entend une sorte de résonance. À propos de Saint-Denys Garneau, vous parliez d'une incarnation, d'une conversion au réel. N'y a-t-il pas chez Gabrielle Roy, dans son écriture, une façon d'entrer dans le concret des choses qui correspond à ce que vous écriviez de Garneau ?*

C'est le vocabulaire de l'époque. Pour le reste, pour la conversion au réel, j'ai de la difficulté à voir ; il me semble que la visée d'un roman comme *Bonheur d'occasion* est difficilement assimilable à celle de *Regards et jeux dans l'espace.* J'ai beaucoup de considération, d'admiration pour Gabrielle Roy, beaucoup plus que j'en avais à l'époque peut-être. Je n'ai pas écrit d'article sur *Bonheur d'occasion* à la sortie du roman, tout simplement parce que je n'étais pas encore arrivé à Montréal. Mais quelques années plus tard, j'ai publié dans *L'Action nationale* un assez long article où, avec une certaine maladresse, j'essayais de sortir le roman de son inscription purement locale, en m'inspirant des considérations de Péguy sur la pauvreté et la misère — la première anoblissant l'homme, la deuxième le privant de son humanité même. L'intention était bonne, me semblait-il. Quant à l'incarnation, à la conversion au réel, je les lisais plutôt, à l'époque, dans les œuvres poétiques ou les romans de la vie intérieure, comme *La fin des songes* de Robert Élie, que dans le genre romanesque pratiqué par Gabrielle Roy.

J'aurais aimé savoir si elle avait lu mon article, s'il lui avait semblé juste. Nous ne nous sommes presque jamais rencontrés, et j'ai appris plus tard qu'elle avait été profondément blessée par des articles que j'avais écrits sur quelques-uns de ses ouvrages subséquents. Elle m'a écrit une belle lettre, très chaleureuse, après mon article sur *Ces enfants de ma vie,* en parlant de retrouvailles, de réconciliation. Je n'avais jamais, quant à moi, entretenu de sentiments d'hostilité à l'égard de son œuvre… et certainement pas au sujet de sa personne. Je suis heureux que le malentendu ait fini par se dissiper. Dans mon panthéon littéraire québécois, Gabrielle Roy occupe aujourd'hui une des toutes premières places, et je viens de constater, en relisant *Bonheur d'occasion,* qu'il n'a pas pris une ride.

Au sortir de la guerre, quand vous entrez dans le journalisme, Sartre est la vedette qui monte. Il vient d'ailleurs à Montréal, fait un peu de bruit, veut même faire jouer Huis clos *à Muriel Guilbault (si mes souvenirs de Gauvreau sont justes). Or Sartre et le renouveau chrétien de* La Nouvelle Relève, *cela grince pas mal. Y a-t-il eu un débat autour de lui ?*

Il me semble que la visite de Sartre à Montréal, c'était un peu avant mon arrivée dans la métropole. Ce qui est sûr, c'est que je ne l'ai pas vu, pas entendu ; ce qui est encore plus sûr, c'est qu'il n'a pas eu, au Québec, une très grande influence, sauf peut-être chez de rares intellectuels. Les raisons de cette distance sont assez claires. Notre homme, c'était Camus. Camus qui dialoguait aimablement avec les dominicains en France, et dont l'agnosticisme était évidemment beaucoup plus velouté que l'athéisme agressif de Sartre. Et puis, il correspondait mieux que l'auteur de *Huis clos* — j'espère que ce n'est pas une petite justification que je me donne — à l'idée que je me faisais de l'écriture. Sartre est un écrivain un peu baroque, qui veut convaincre à tout prix ; il a été, dans ses essais, dans ses récits, ses pièces de théâtre, le plus grand professeur de France. Tandis que Camus pratique une écriture rigoureuse, presque classique, économe, l'écriture d'une vérité qui est toujours en train de naître. L'œuvre de Camus qui a le plus compté pour moi, ce n'est pas *La peste* ou *L'étranger*, mais un de ses premiers textes, *Noces*. Je me souviens encore de l'endroit, des circonstances dans lesquelles je l'ai lu. *Noces* a été pour moi ce qu'ont été pour d'autres *Les nourritures terrestres* de Gide. Je m'en suis souvenu en écrivant la fin de mon premier roman, *Le poids de Dieu*.

Quant à Sartre, je le retrouverai plus tard, à l'université, et je me prendrai pour lui d'une affection un peu amusée ; et puis c'est lui, n'est-ce pas, qui a énoncé la plupart des choses qui ont donné naissance à ce qu'on appelle aujourd'hui la sociocritique.

Ne serait-ce pas la façon dont Camus « sort » de la culpabilité qui vous a attiré ?

Oui, et c'est sans doute la raison pour laquelle il m'a si profondément marqué. Mais il ne faudrait pas croire qu'on sort de l'univers de la culpabilité comme ça, par une lecture, une rencontre... C'est énorme, la culpabilité ; et il faut bien comprendre que ce n'est pas une histoire seulement québécoise, même si les circonstances historiques nous ont amenés à la vivre de façon particulièrement intense. Lisez Mauriac, et bien d'autres, pas seulement des judéo-chrétiens, comme on dit...

Et L'étranger...

À *L'étranger,* je préfère le livre, l'essai qui l'accompagne dans l'œuvre de Camus, *Le mythe de Sisyphe.* Le roman me semble un peu contraint, trop volontaire. Le Camus que je préfère, que je relirais volontiers, ce n'est pas le romancier ou l'auteur dramatique, mais celui qui se tient tout près de son expérience personnelle, de son aventure intellectuelle. Il reste que les premières lignes de *L'étranger* sont un des incipits romanesques les plus saisissants du vingtième siècle, et il n'est pas étonnant que Gérard Bessette l'ait presque plagié — sans le vouloir d'ailleurs — au début du *Libraire.*

Revenons à 1953. Avec l'Hexagone est-ce une autre aventure littéraire qui commence ?

Oui, mais nous parlons de tout autre chose que de l'Hexagone actuel, évidemment. Le véritable Hexagone, celui qui est né alors, a disparu aux environs de 1967 — date fatidique !...

Que voulez-vous dire ?

C'est à ce moment-là qu'apparaissent ou s'imposent des groupes qui contestent la conception de la poésie qui dominait à l'Hexagone, *La Barre du jour, Les Herbes rouges.* La poésie de l'Hexagone était une poésie de communauté, de communication, qui voulait entretenir des rapports avec le langage courant, alors que la nouvelle poésie se réclame du formalisme. Le terme n'est peut-être pas très bien choisi, mais il est le seul dont on puisse disposer si l'on ne veut pas entrer dans de longues explications. Le formalisme, c'est en gros ce qui se passe en France à la même époque, notamment à la revue *Tel quel* ; il désigne une poésie qui entend rompre avec l'empire du sens, qui rompt les enchaînements syntaxiques pour sortir d'un régime de sens qu'elle juge pernicieux.

Le formalisme s'en prend au langage parce qu'il le considère comme un instrument de domination au service de l'idéologie. Curieusement, on pourrait dire que l'Hexagone tenait aussi, à sa manière, le langage pour un instrument de domination qu'il fallait revoir. Ce sont peut-être plutôt les moyens qui changent, non ?

En littérature, les moyens sont le tout. Les poètes de l'Hexagone, malgré toutes les libertés qu'ils prennent avec le langage courant (qui est peut-être le langage de l'idéologie), ne parlent pas à des années-lumière de la prose. Et c'est justement ce que leur reprochait à la fin des années cinquante Fernande Saint-Martin qui, elle, se donnait comme modèle la poésie de Claude Gauvreau. L'Hexagone n'était pas radical. C'est pour ça qu'il a eu une telle importance, qu'il a occupé tant de place. La « révolte de terre » — j'emprunte l'expression à Paul-Marie Lapointe — que pratiquait l'Hexagone ne mettait pas en cause le langage courant, mais voulait le revivifier, le rendre ouvert, pluriel, « donner un sens plus pur aux mots de la tribu »...

En 1967, est-ce le « nous » de l'Hexagone qui est contesté ?

Le « nous » était contesté en tant que « je » pluriel, si je puis dire, en tant que sujet, selon la leçon française de l'époque. Mais ce « nous » était également un groupe, et il était contesté par un autre groupe qui voulait se faire une place au soleil, et devait en conséquence démolir un peu ses aînés immédiats, secouer le cocotier. Comme la plupart des contestations au Québec, celle-ci s'est déroulée de façon assez tranquille, comme la révolution du même nom, les anciens acceptant fort aimablement de se faire un peu mettre au rancart, les nouveaux évitant de faire trop de peine à leurs prédécesseurs. Pas de sang !

Au début, l'Hexagone, ce sont des poètes : Marchand, Miron, Carle, Pilon, Constantineau, etc. Quels ont été vos rapports avec eux ?

J'ai d'abord connu Miron et Olivier Marchand, je ne sais plus par quels canaux. Est-ce que Miron n'était pas venu à Sherbrooke, pour promouvoir les petites danses folkloriques de l'Ordre de Bon Temps ? Peut-être. J'ai connu Jean-Guy Pilon un peu plus tard, à Radio-Canada sans doute, puis, dans le même édifice, Gilles Carle, qui était graphiste, enfin Louis Portugais à l'Office national du film. Moi, bien sûr, je n'étais pas poète, je n'ai pas écrit un poème de toute ma vie, c'est pour moi l'image même de l'impossible. Mais j'oserais dire que c'est l'Hexagone, après Saint-Denys Garneau et Anne Hébert, qui a fait de moi un critique de poésie à peu près convenable, du moins pour l'époque. Je pense qu'il n'y a pas d'initiation véritable à la poésie qui ne passe par les contemporains ; et ce que j'ai pu leur donner, à eux, c'est l'attention dont ont particulièrement besoin les jeunes poètes. J'étais au *Devoir*, j'occupais le meilleur poste possible pour parler de poésie, j'ai publié leurs poèmes, j'ai parlé de leurs recueils. Je leur ai donné l'impression d'être lus, d'être reçus, compris. L'impression, ou l'illusion… Parce que, lorsque je lis l'article un peu condescendant que j'ai écrit dans *Le Devoir* sur le premier recueil de l'Hexagone, *Deux sangs* de Miron et Marchand, ma foi, j'ai quelques doutes sur ma perspicacité.

On a souvent dit que la poésie de l'Hexagone dévoilait « des signes parlants pour les gens d'ici ». C'était le cas ?

Attention… 1953, c'est la fondation de l'Hexagone, mais c'est aussi l'année de parution d'une des plus grandes œuvres poétiques du Québec, *Le tombeau des rois* d'Anne Hébert. Les poètes de l'Hexagone arrivent tout de suite après Saint-Denys Garneau, Anne Hébert, dont l'œuvre contenait, selon votre expression, beaucoup de « signes parlants pour les gens d'ici ». Et il va sans dire, ou il devrait aller sans dire que les premiers recueils de ces jeunes poètes n'ont pas la qualité, la profondeur de ceux de ces grands aînés. On dirait plutôt qu'ils veulent revenir à quelque chose de plus courant, de plus ordinaire, de moins ambitieux. Ils semblent parler pour une nouvelle génération qui cherche à se trouver, très modestement, des raisons et surtout des moyens de vivre.

C'est une poésie qui relance une forte réclamation d'authenticité. Il y a presque des élans mystiques dans les premiers recueils de l'Hexagone. Pourtant, au même moment, Montréal connaît son gros boum des années cinquante et, sur un autre terrain, le côté mystique est en train de s'effilocher. On dirait que, tandis que le social s'engage dans une modernité assez dure, la poésie, elle, redore une utopie douce et positive.

Oui, il y a du mystique, du religieux, dans les premiers recueils de l'Hexagone, chez Miron, le Fernand Ouellette de *Ces anges de sang,* voire le premier Jean-Guy Pilon. Mais ce qui me frappe à cet égard, c'est que la thématique religieuse des jeunes poètes est très vague, très différente de celle qu'on trouve par exemple dans certains poèmes explicitement religieux de Saint-Denys Garneau, ou bien évidemment chez Rina Lasnier. Cette thématique va d'ailleurs se dissiper peu à peu — mais sans que disparaissent les images religieuses qui sont imbriquées, Northrop Frye l'a bien montré, dans les fondements mêmes de la culture occidentale. Il serait très naïf de croire que, parce que la société québécoise s'est laïcisée depuis la révolution tranquille, le langage poétique a été délesté de cet héritage. Les images religieuses ont, dans certains cas, émigré sur le terrain politique, où elles ont été reçues avec reconnaissance par le mouvement nationaliste. Est-ce que le Québec, à cette époque, allait « vers une modernité assez dure », que la poésie aurait voulu atténuer par l'utopie ? Il me semble plutôt que, des deux côtés, en poésie et en politique, on nageait en pleine utopie. À cette réserve près que si on lit attentivement la poésie de l'époque, on voit qu'elle est beaucoup moins naïvement enthousiaste qu'on le croit généralement, qu'elle ne cesse de mettre en doute, en question les affirmations unilatérales du discours social. Le « pays » de Gaston Miron n'est pas, ne peut pas être celui du Parti québécois, quelles que soient les options politiques du poète.

Du point de vue critique, le parent pauvre des années cinquante reste le roman. Or, il me semble que le roman dit exactement le contraire de la poésie. Il dit : ça meurt, c'est laid, il n'y a rien. Je pense à André Giroux (Le gouffre a toujours soif), à Robert Élie (La fin des songes), à Filiatrault, à certains textes de Thériault (La fille laide)...

Oui, c'est vrai que le roman n'est pas très *positif* ; mais l'est-il moins que le roman français de l'époque, dont il dérive plus ou moins directement ? Oui, avouons-le, un peu. On commence à explorer les soubassements de la culture commune, et ce qu'on en sort est en effet assez noir. Il y a là, aussi, il faut le dire, un effet de genre : le roman est comme naturellement voué au négatif, la célébration lui est en quelque sorte interdite. Mais tout n'est pas aussi atterrant dans la production romanesque dont vous parlez.

La mort n'a pas un sens aussi délétère dans *La fille laide* que dans *Le gouffre a toujours soif,* et vous oubliez le meilleur roman de l'époque, l'admirable *Poussière sur la ville,* d'André Langevin, où les enjeux sont beaucoup plus complexes, où le sentiment profond de la vie l'emporte, me semble-t-il, sur les signes ponctuels de l'échec. Vous vous souvenez qu'à la fin du roman le docteur Dubois veut en quelque sorte remplacer Dieu, exercer auprès des gens de Macklin une charité laïque ; cela n'est pas loin, me semble-t-il, de ce qui se passe dans la poésie de l'Hexagone.

Pour ce qui est de votre trajectoire personnelle, après Le Devoir, *vous passez en 1955 à la télévision de Radio-Canada et ensuite à l'Office national du film. Qu'est-ce qui vous a fait quitter* Le Devoir ?

La grève des typographes. Un lock-out, si vous préférez. Cinq journalistes, dont j'étais, ont décidé de ne pas traverser la ligne de piquetage. Filion avait déclaré au tout début que ceux qui ne traverseraient pas, qui ne continueraient pas à travailler, seraient mis à la porte, mais ça, c'était le langage Filion, la réalité Filion était quelque peu différente. Trois mois plus tard, il aurait été prêt à nous reprendre. J'ai été discuter de la chose avec Laurendeau, jusqu'aux petites heures du matin — il dormait très peu —, et ses arguments ne m'ont pas convaincu de rentrer. En fait, cette grève a sans doute été l'occasion de m'avouer que l'aventure, la très belle aventure du *Devoir* était terminée pour moi. Pendant la grève, les fils qui m'attachaient au journal s'étaient brisés un à un, il fallait que je passe à autre chose.

Et ce fut Radio-Canada.

Tout le monde allait à Radio-Canada, à cette époque. J'ai suivi le courant, bien que n'étant pas particulièrement doué pour la réalisation de télévision. Mais puisque tous les autres le faisaient, pourquoi pas moi ? J'ai été le premier réalisateur de René Lévesque à *Carrefour,* une émission quotidienne d'entrevues. Lévesque était le chef du service des reportages à Radio-Canada, et moi j'étais une sorte d'exécutant, ce qui a fait que nos rapports n'ont pas été très bons : je consentais difficilement à n'être qu'un exécutant, malgré mon admiration pour Lévesque. Au bout d'un certain temps, j'ai abandonné la réalisation pour devenir une chose bizarre, un « organisateur d'émissions », je me suis beaucoup ennuyé, et...

Et comment avez-vous atterri à l'Office national du film ?

C'est Pierre Juneau, membre de la première équipe de *Cité libre,* qui m'y a attiré. Je me permets de faire un détour, ici, pour dire mon admiration pour Pierre Juneau, qui a été un des grands serviteurs des institutions culturelles de l'État canadien, un homme d'une intelligence, d'une intégrité, d'un courage tout à fait remarquables. Donc, l'ONF. On y entrait à pleines portes, dans ces années-là, comme à Radio-Canada, surtout dans la section française qui se développait très rapidement. Je n'étais pas cinéaste, et je ne suis pas devenu cinéaste. La technique, horreur, les caméras, les éclairages, les décors... Je me suis occupé de diverses choses, de petites recherches, de scénarios, puis un jour on m'a bombardé directeur de la recherche pour la production française. Je

75

vois encore Michel Brault, qui était alors caméraman, entrer dans mon bureau et me demander d'un air extrêmement soupçonneux ce que je faisais là, en quoi consistait mon travail. Je ne me rappelle pas ce que je lui ai répondu. En fait, je n'aurais pas pu lui dire des choses très convaincantes, parce que je ne savais pas trop ce que je faisais moi-même dans ce bureau, sous ce titre. Je vous avoue que certains matins, j'arrivais vers neuf heures, neuf heures trente, et je me demandais ce que je ferais durant la journée. J'ai raté une belle occasion à l'ONF, celle de connaître un peu le milieu canadien-anglais ; il y avait, dans la section anglaise, beaucoup de gens intéressants, cultivés, voire très originaux. Mais nous, les francophones, vivions déjà la société distincte, le statut particulier, les États associés... Quoi qu'il en soit, à l'ONF comme à Radio-Canada, je ne me sentais pas chez moi, je ne me sentais pas l'âme d'un fabricant d'images mouvantes. Je n'avais confiance, au fond, qu'en la littérature, et quand l'occasion s'est présentée...

C'est peut-être pour cela que vous avez écrit Le poids de Dieu *en 1962 ?*

C'est en France, à Paris, que j'ai terminé *Le poids de Dieu.* J'avais commencé le roman quelque temps auparavant, comme une sorte d'exercice personnel, pour me débarrasser de quelque chose qui faisait poids en moi, sans penser que j'arriverais à écrire un roman publiable. Puis, l'ennui de l'Office aidant sans doute, j'ai demandé une bourse au Conseil des arts et je suis parti avec la famille pour la France, où je suis demeuré huit mois. C'est là que j'ai terminé le roman, et qu'il a été publié.

Oui, chez Flammarion.

Je l'ai d'abord montré à Luc Estang, aux éditions du Seuil, sans le soumettre expressément pour publication, uniquement parce que j'avais besoin d'une lecture, disons objective. Je connaissais un peu Luc Estang parce que j'avais défendu un de ses romans, au *Devoir,* quelques années auparavant, et qu'il m'en avait été reconnaissant. Il a aimé, et il a soumis le manuscrit au comité de lecture, qui n'a pas partagé son avis. Entre-temps, je suis convoqué chez Flammarion parce qu'on y publiait le premier roman de Marie-Claire Blais, *La belle bête,* et qu'on voulait reproduire dans le bulletin de la maison l'article que j'avais écrit sur le roman, à Montréal. Je rencontre le directeur littéraire, nous parlons de Marie-Claire Blais, et tout à coup, il me dit : « Vous avez écrit un roman, paraît-il. Pourquoi ne me l'avez-vous pas apporté ? » Je le lui ai apporté, et la chose s'est réglée de cette façon, très simplement. C'était une très bonne maison, on s'y occupait très bien des auteurs. On m'a obtenu beaucoup d'entrevues, à la radio et dans les journaux — c'était une époque où l'on recevait très bien, à Paris, les écrivains québécois —, et un peu plus tard, deux traductions, l'une à New York, l'autre à Barcelone. J'étais confortablement assis sur mon nuage. Ça n'a pas duré très longtemps.

On vous a présenté à l'époque comme « le romancier de la solitude canadienne ». Ce mot de solitude vous accompagne souvent (avec Saint-Denys Garneau, pour votre roman). Votre héros Claude Savoie est en tout cas vraiment seul.

La solitude, c'est un mot à plusieurs étages. Quand on en a parlé à propos de mon roman, c'était dans un sens plutôt négatif, comme une privation, presque une maladie, et on n'avait pas tout à fait tort, bien sûr. Claude Savoie, mon personnage, peut-être mon alter ego ensoutané, n'est pas un champion de la communication, il étouffe dans ses inquiétudes personnelles, dans le petit cercle fermé où il vit. Est-il une illustration juste de ce que la critique française appelait, en insistant sur l'adjectif, la « solitude canadienne » ? Il y a une phrase qui me trotte dans la tête, et dont je ne réussis pas à retrouver l'auteur : « Ces grands solitaires de l'esprit que sont en Amérique les Canadiens de langue française... » Est-elle de Pierre Emmanuel, le poète français qui est venu plusieurs fois au Québec au cours des années cinquante ? D'Albert Béguin, le directeur de la revue *Esprit*, le spécialiste du romantisme allemand, qui a écrit un des plus grands textes critiques sur Saint-Denys Garneau ? La mémoire me revient, elle est du critique canadien René Garneau. De toute manière, une telle phrase était aussitôt comprise, sans explication, par les intellectuels d'ici, on savait ce qu'elle voulait dire, à quelle expérience pénible elle renvoyait, qui n'est pas sans rapport avec celle de la culpabilité dont j'ai déjà parlé, et qui n'est pas plus facile à expliquer. Cette solitude est une privation, un manque, l'impossibilité — ou presque — de vivre dans un système assez large d'échanges, de relations intellectuelles, un défaut de culture, de langage. Elle est différente de la solitude dont parle Glenn Gould dans sa célèbre trilogie radiophonique de la solitude, où celle-ci se dit, se parle, entretient un rapport profond, décisif, non seulement avec la communauté d'origine, mais aussi avec ce qui s'oppose à elle, son contraire en quelque sorte : Terre-Neuve et le Canada central ; les aventuriers du Grand Nord et le Canada du sud, le Canada habité ; les mennonites du Manitoba et la société qu'ils doivent refuser pour être fidèles à eux-mêmes... Peut-être assiste-t-on, chez Saint-Denys Garneau, au passage d'une solitude à l'autre, de la « maison fermée », comme il le dit, à une mise en langage, qui est déjà la négation efficace de cette fermeture, de cette sécheresse...

De 1961 à 1966, vous êtes journaliste à La Presse *et membre du conseil de rédaction. Cela vous change-t-il du* Devoir *?*

Cela me changeait surtout de l'Office national du film ! Je suis entré à *La Presse* lorsque Jean-Louis Gagnon, qui en était le rédacteur en chef, a décidé de fonder un journal concurrent, *Le Nouveau Journal,* en emmenant avec lui la plus grande partie des journalistes du quotidien de la rue Saint-Jacques. C'est Gérard Pelletier — un ami de Gagnon — qui lui a succédé. Il s'agissait, à vrai dire, de recréer le journal.

Pelletier m'a donc demandé si j'accepterais de prendre, à titre de collaborateur externe, la chronique littéraire. J'ai répondu aussitôt que j'étais prêt à devenir journaliste à *La Presse.* Deux semaines plus tard, j'avais quitté l'Office et, après une petite semaine de vacances, je me trouvais à *La Presse,* où il fallait tout recommencer avec de nouveaux journalistes, créer un cahier « arts et lettres ». On a fait ça, si je me souviens bien, en deux ou trois semaines, avec les moyens du bord. J'aime bien ce genre de tâche ridiculement impossible.

Il y avait à *La Presse* un esprit qui ne pouvait être celui du *Devoir,* même s'il avait subi un changement considérable avec l'arrivée de Gérard Pelletier. L'importance même du journal lui interdisait d'adopter des positions idéologiques trop marquées. D'autre part, lorsque j'y travaillais, *Le Devoir* était un journal pauvre, très pauvre ; le tirage était descendu à quinze mille exemplaires, et il faillait organiser une souscription chaque année pour le renflouer. À *La Presse,* on avait des moyens. L'expérience a donc été très différente, presque de bout en bout intéressante, positive, vivante. Je dis presque, parce qu'il y a eu, à la fin, cette grève stupide et longue, qui a provoqué le renvoi de Pelletier et ma démission du conseil de rédaction. J'ai quitté le journalisme deux fois, et toujours à la suite de grèves. Il arrive que la Providence emprunte la voix syndicale…

J'avais, à *La Presse,* des responsabilités que je n'avais pas au *Devoir.* Avec deux assistants, je m'occupais de tout le secteur arts et lettres, pages quotidiennes et cahier du samedi, en plus du magazine en couleurs où travaillaient des journalistes assez colorés, Pierre Bourgault, Lysiane Gagnon. Je dois dire que ces responsabilités ne m'embêtaient pas, parce qu'elles ne m'empêchaient pas de participer au travail très concret du journalisme. Les seules responsabilités administratives qui m'aient jamais intéressé sont celles qui s'exercent à peu de distance des fonctions premières de l'institution. Je n'aurais pas aimé être un grand patron — je n'en avais d'ailleurs pas les talents —, travailler à un échelon élevé, où l'on considère les choses du point de vue de Sirius. Mais diriger un secteur, dans un journal, ou encore, à l'université, diriger un département, cela peut me convenir. Parce que dans l'un et l'autre cas, on ne quitte pas le terrain.

En même temps, vous continuez à écrire, et vous publiez Retour à Coolbrook *en 1965.*

Quand vous êtes directeur de département, à l'université, vous enseignez ; et quand vous êtes responsable de service à *La Presse,* vous écrivez. C'est l'avantage des postes intermédiaires...

J'avais commencé *Retour à Coolbrook* à Paris, en 1960, tout de suite après avoir terminé *Le poids de Dieu,* et peut-être en réaction contre lui. Je l'ai terminé durant la grève de *La Presse.* J'ai un peu honte de le dire parce que moi, qui étais cadre, je recevais mon salaire et que par exemple mon jeune frère, qui était simple journaliste à l'époque, n'en avait pas. Quoi qu'il en soit, j'ai eu une sorte de congé payé pendant quelques mois, et je me suis dit qu'il ne fallait quand même pas m'enliser dans l'inaction.

Les années soixante sont souvent définies comme le moment où s'effectue au Québec un passage à la modernité. Vous avez déjà laissé entendre que vous partagiez ce point de vue, contrairement à d'autres critiques qui situent ce passage au moderne bien avant. En quoi la révolution tranquille a-t-elle, à vos yeux, constitué un changement capital ?

Bien sûr, la révolution tranquille n'a pas été un phénomène de génération spontanée. Mais je donne raison aux historiens et à tous ceux qui en parlent comme d'une révolution véritable. Je pense même que cette révolution dite tranquille a été d'une violence extrême, et n'a été tranquille que dans son mouvement apparent. Elle a commencé par une mort, une mort inattendue, une mort du père, Maurice Duplessis. Il se trouve que j'étais en France à ce moment-là, mais j'ai ressenti le choc de cette mort comme si j'avais été au Québec. Il est vrai que le régime de Duplessis était battu en brèche depuis une dizaine d'années, que l'opposition était de plus en plus forte, de plus en plus générale, mais il était encore solide. Électoralement, il pouvait résister. Or, il disparaît, comme ça, sans prévenir, et on se trouve tout à coup devant un vide immense, qu'il faut combler au plus vite. Ce qui meurt, ce n'est pas seulement une personne, un homme politique, c'est tout un pan d'histoire, une façon de concevoir la société, la nation. Le « désormais » de son premier successeur, Paul Sauvé — qui est mort très peu de temps après son accession au pouvoir —, dit mieux que tous les discours ce qui s'est passé. Nous étions, désormais, à la merci de l'avenir. En quelques années, un homme comme moi a vu disparaître tous les tapis qu'il avait sous les pieds, sur lesquels il avait l'habitude de marcher.

L'éducation, d'abord. On avait un système d'éducation qui s'améliorait petit à petit, un pas devant l'autre ; le cours classique, par exemple, était de plus en plus accessible, et proposait un cursus beaucoup plus riche que celui que j'avais connu moi-même, une quinzaine d'années plus tôt. Mais là, on a décidé que rien n'allait plus, et on a transformé le système de fond en comble, sans ménagements. Conséquence : on a créé en deux temps trois mouvements une classe entièrement nouvelle, une classe d'enseignants, ce qui constituait en soi une transformation sociale énorme. En France, le corps enseignant existe depuis longtemps, il a quelques valeurs communes, il s'inscrit dans une tradition qui résiste aux bouleversements trop rapides. Pensez qu'ici, on a recruté en quelques années des centaines, des milliers d'enseignants venus de tous les horizons, et qu'on leur a demandé d'appliquer un programme tout neuf, d'expérimenter : pas étonnant que l'éducation ait été, et demeure encore en partie, un immense bazar. Le recrutement, en parallèle, d'une armée de fonctionnaires, n'arrangerait pas les choses. Remarquez bien que je ne jette la pierre à personne — même si l'envie m'en prend de temps à autre ! Il fallait agir, et sans doute assez vite. Et les résultats n'ont pas tous été mauvais, loin de là. Mais enfin ce qu'on peut appeler la sagesse, ou plus modestement la pondération, a subi quelques dommages.

Sur le plan religieux, le passage a été encore plus soudain, plus brutal. On est passé en quelques années d'un monde où la religion occupait tous les paliers, du plus intime des consciences jusqu'aux manifestations publiques les plus spectaculaires, à une société presque entièrement sécularisée. On a conservé quelques formes du monde ancien, par exemple l'enseignement officiellement catholique, mais c'étaient des coquilles vides. Je disais, à l'époque, qu'il suffisait de s'absenter quelques semaines du Québec pour découvrir en revenant que le curé de la paroisse avait épousé la supérieure des carmélites et qu'ils avaient déjà trois enfants ! Nous avons vécu un tohu bohu de l'autre monde, propice à la dissémination de toutes les équivoques. Le plus singulier peut-être, c'est que cela s'est fait à peu près sans opposition. L'Église a dit : oui, on va tâcher de s'arranger, on va se moderniser, on va se mettre au pas du nouveau. Tout s'est passé comme si on attendait cette transformation depuis une quinzaine d'années. Seuls quelques traditionalistes peu écoutés ont tenté de résister.

Je parle de l'enseignement, de la religion, parce que ce sont deux domaines qui me sollicitent particulièrement, et que là se sont produites des perturbations très fortes, douloureuses dans certains cas, qu'on n'a pas encore bien mesurées, me semble-t-il. Il va sans dire que cette révolution ne nous était pas exclusive. Elle s'est produite sous des formes variées dans le monde occidental tout entier, durant les mêmes années. Il se trouve tout simplement que le Québec, petite société sans tradition laïque, pourvue d'un héritage intellectuel et spirituel assez mince, est allé plus vite que les autres.

Il faudrait parler encore de bien d'autres choses, notamment de la télévision, créée au début des années cinquante avec des bouts de ficelle, dont l'influence sur la société québécoise a été très grande. Le téléthéâtre du dimanche soir était vu par tout le monde ; et le lendemain, un peu partout, on discutait des questions soulevées par Marcel Dubé dans *Florence,* dans *Un simple soldat...* Des gens qui n'avaient jamais vu de ballet de leur vie voyaient arriver dans leur salon, presque chaque semaine, une armée de demoiselles en tutu. Ça dérangeait ! On pourrait aussi établir un lien de cause à effet entre la télévision et la renaissance du nationalisme. Marshall McLuhan a montré que la télévision, bien loin de conduire à une certaine uniformité culturelle, favorisait au contraire les réflexes tribaux, les réflexes nationaux, à cause de la faible définition de son image, qui invite à la participation. La chanson apparaît et se développe durant la même période, avec des effets semblables. Mais là, il faudrait développer de façon plus précise, tenir compte d'une infinité de nuances. Je m'arrête.

Une littérature qui se fait paraît en 1962. *Est-ce que l'ouvrage participe de l'esprit de la révolution tranquille ?*

Oui, je pense, surtout par son titre, qui d'ailleurs — je ne m'en étais pas souvenu à l'époque — avait déjà été utilisé par Gaston Miron dans un des prospectus de l'Hexagone. *Une littérature qui se fait,* en mouvement, qui se crée là, sous nos yeux, c'est l'équivalent d'une société, d'une nation peut-être, animée tout entière par le désir du changement, en état d'auto-création perpétuelle, pour ainsi dire.

Quant à l'ouvrage lui-même, il était l'un des premiers, si je ne me trompe, à proposer une image globale de la littérature canadienne-française où les œuvres communiquaient par l'intérieur, par leur thématique profonde : ainsi, le thème de la mort chez Octave Crémazie et chez Anne Hébert. En le relisant récemment pour la réédition du livre dans la « Bibliothèque québécoise », j'ai été surtout frappé par l'intérêt de quelques œuvres particulières qui sont aujourd'hui complètement oubliées, celles de Jovette Bernier, d'Éva Sénécal, de Simone Routier particulièrement. Je me sens assez loin, par contre, de certains textes de ce livre, et surtout de mon long commentaire des poèmes de Saint-Denys Garneau, tout englué dans la problématique de l'époque. Mais enfin, il faut apprendre à vivre avec sa propre histoire. La préface de Jean Larose m'y aide un peu. Je serais plus à l'aise pour parler de cette préface très riche si mon nom n'y était pas cité trop souvent !

Il y a cependant à l'époque une forte effervescence littéraire :
Blais, Ferron, Aquin, Ducharme, les romans de Parti pris.
Vous étiez à l'écoute ?

Les romans de *Parti pris,* ma foi, ce n'était pas très fort ;
ils n'ont acquis une telle importance que grâce à l'aura
idéologique de la revue. Mais il est sûr, oui, que les
années soixante ont été une période faste pour le roman
québécois, aussi bien au Québec même qu'à l'étranger, à
Paris principalement : Marie-Claire Blais, Hubert Aquin,
Jacques Godbout, Gérard Bessette, Jean Basile, Réjean
Ducharme, Jacques Ferron, cela vous fait une belle
bibliothèque. La fiction québécoise prenait l'air du large,
et ça lui faisait du bien. Je parle de la fiction, mais il y a
aussi une explosion de la prose, de l'essai, qui avait cédé
le pas à la poésie durant la décennie précédente. La littérature de la révolution tranquille, c'est également Jean
LeMoyne, Pierre Vadeboncœur, le frère Untel, Jean
Marcel... Je ne suis pas très porté sur la nostalgie, mais
je ne puis me reporter à ces années sans en éprouver un
peu. On parlait, dans ce temps-là, la parole circulait...
Les œuvres étaient belles, étonnantes, neuves, mais elles
recevaient aussi, de l'atmosphère dans laquelle elles
étaient proposées, du retentissement qu'elles avaient *urbi
et orbi,* une sorte de valeur ajoutée.

En 67, tout était beau ?

L'exposition de Montréal, c'était un chef-d'œuvre. La première fois que j'y suis allé, avec ma femme, c'était le soir,
nous avons fait la promenade en monorail et nous n'en
revenions pas de tant de beauté, d'harmonie, de richesse.

Nous ne nous attendions pas à ça, à cette fête. L'année de l'Expo a été une des années les plus heureuses de notre histoire, on l'a vécue dans un bien-être — sans aucune connotation péjorative —, dans un bien-exister qui a, du coup, annulé toutes les chicanes, tous les embarras, tous les drames mêmes qui l'avaient précédée. Oui, bien sûr, de Gaulle est venu... Mais la célébration du « Québec libre » s'est faite somme toute dans la bonne humeur, elle a été une célébration un peu folklorique, sans effets politiques immédiats. L'Expo, c'était Jean Drapeau — aidé par tous les paliers de gouvernement ! Jean Drapeau, c'est-à-dire une invention un peu folle, des risques énormes auxquels on survit de justesse... Bâtir une île dans le Saint-Laurent, il fallait le faire. Les jeux olympiques, on le sait, se sont moins bien passés. C'est le propre des fêtes, hélas, des fêtes les mieux réussies, d'avoir des lendemains.

Était-ce aussi le signe d'une ouverture vers l'extérieur ?

Comme la révolution tranquille, oui, dans son premier mouvement, a été tout autre chose qu'un repliement sur soi, une recherche angoissée de l'identité. Comme, aussi, le roman québécois, qui n'avait jamais été si près de nos réalités et si lisible à l'extérieur de nos frontières...

En d'autres lieux, à cette époque, on voit un retour en force du folklore et un plaidoyer très répandu pour le respect des différences culturelles. Je songe au mouvement occitan, au mouvement breton, par exemple. La question restait souvent de savoir si ces « différences » dépassaient le « pittoresque ».

J'ai peut-être mal vu, mal observé, mais le souvenir que je garde de l'Expo n'est pas celui des petites différences, des particularismes exhibés pour eux-mêmes, des folklores. C'était l'ensemble qui signifiait, qui était beau. Et le pavillon le plus frappant était celui des États-Unis, cette grande boule transparente vouée à la célébration de l'espace, de l'avenir, et en même temps si étrangement accueillante. C'est vraiment le monde qui était là, et nous nous y sentions parfaitement à l'aise, comme dans un jardin, un lieu de promenade. Heureux ceux qui ont vécu l'Expo : j'en suis. Marshall McLuhan, dans un article paru à l'époque, a bien montré la façon dont les Montréalais ont habité, durant une année, ce monde qu'on avait déposé dans le Saint-Laurent.

McLuhan a été important pour vous.

J'ai découvert *The Gutenberg Galaxy* au début des années soixante, grâce au père Ernest Gagnon, mon ancien professeur à l'université, un des hommes les plus intelligents que j'aie connus, et un esprit follement curieux, qui découvrait des tas de choses avant tout le monde. Ça a été, pour moi, une découverte capitale, pour la méthode autant que pour, disons, la substance. La thèse centrale de McLuhan est la suivante, je la résume grossièrement : les technologies sont des extensions de nos sens, et expriment notre rapport au monde. L'homme de l'imprimerie n'est pas l'homme de la radio, qui n'est pas l'homme de la télévision. L'homme de la télévision — ou plus largement l'homme de l'électronique — est possédé d'un très grand désir de participation, à cause de l'imprécision de l'image, plus proche d'un tableau de Seurat par exemple (l'exemple vient de McLuhan lui-même) que d'un Ingres ou même d'un Delacroix. Mais je ne vais pas vous donner un cours sur la pensée de McLuhan, il faudrait que je m'y sois préparé, et ça ne serait pas très utile dans les circonstances. Je dirai simplement ceci : McLuhan est un homme qui enseigne en nous disant de tourner la tête, de regarder un peu à côté, pour échapper à la fascination qu'exercent sur nous nos propres médias.

C'est à Montréal, je suis assez fier de le dire, chez mon ami Claude Hurtubise, qu'ont été traduits les deux premiers grands ouvrages de McLuhan, *La galaxie Gutenberg* et *Pour comprendre les media,* dans des traductions remarquablement fidèles, précises, de Jean Paré. Les Français ont résisté. McLuhan, pour eux, n'était pas assez philosophe, pas assez sociologue, et cetera. Et il était trop amusant, peut-être, pour être pris au sérieux. C'est lui, je pense qui a le mieux décrit ce qu'on appelle le postmoderne — qu'il appelait, lui, l'âge de l'électronique.

En 1966, vous devenez professeur au département d'études françaises de l'université de Montréal. Puis, en 1969, à qua-rante-quatre ans, vous présentez et soutenez votre doctorat à l'université Laval. Il sera publié, ce sera Le temps des poè-tes. *Comment vous est venue cette vocation académique tardive ?*

Vocation, c'est un bien grand mot. Quand j'étais à *La Presse,* je pensais que j'y resterais très longtemps, peut-être toujours. Le journalisme me convenait, et les conditions dans lesquelles je le pratiquais également. Vous savez ce qui s'est passé : la grève, le renvoi de Pelletier. J'ai démissionné du conseil de rédaction et je me suis retrouvé simple journaliste, en attendant de partir. On m'avait demandé, un ou deux ans auparavant, si j'étais intéressé à enseigner à l'université de Montréal. J'ai repris contact, et les choses se sont réglées rapidement.

Je n'avais à peu près jamais enseigné, j'avais un trac fou, qui d'ailleurs ne m'a jamais quitté complètement. Puis on m'a dit qu'il me fallait obtenir un diplôme de doctorat. J'acceptais de rédiger la thèse, mais les cours... J'ai communiqué avec le frère Clément Lockquell, à l'université Laval, un homme que je connaissais depuis assez longtemps, que j'estimais considérablement, et il m'a obtenu une exemption de cours.

Il faut dire qu'à cet âge, et sortant du journalisme, je n'étais pas intéressé à faire une thèse sur le modèle courant, que d'ailleurs je connaissais assez mal. Ce que je voulais faire, c'était un livre, qui pourrait me servir de thèse. Je l'ai écrit en moins de deux ans, les soirs, les week-ends, durant les vacances, au milieu des cours que je commençais à donner, et des émissions de radio que je devais faire pour compléter un salaire assez exigu.

Je voulais faire une synthèse, ou plutôt peindre le tableau général de l'aventure poétique qui s'était déroulée sous mes yeux, durant une période où la poésie avait vraiment dominé le paysage littéraire et qui méritait donc le titre de « temps des poètes ». La soutenance a été retardée à plusieurs reprises, parce qu'on avait de la difficulté à trouver des professeurs pour constituer le jury. J'ai appris par la suite qu'il y avait eu beaucoup de discussions à propos de cette thèse qui n'en était pas tout à fait une, et dans laquelle j'utilisais à l'occasion, sans vergogne, des extraits de textes déjà publiés. Un autre motif de rejet est apparu lorsque le livre est paru. J'avais décidé —

c'était à la fin des années soixante — d'utiliser le double adjectif « canadien-français » et non le « québécois » qui était de plus en plus à la mode. Je faisais remarquer que Québec était le nom d'une ville avant d'être celui d'une province, d'un État, et que cela risquait de créer de la confusion. J'observais aussi que la présence d'écrivains de langue anglaise, au Québec, et d'écrivains de langue française ailleurs qu'au Québec, compliquait un peu la question. On n'a pas apprécié, je pense.

Plus tard, j'ai fini par adopter l'adjectif « québécois », pour ne pas refaire la bataille de Roland à Roncevaux. Mais je demeure convaincu que c'est un adjectif malcommode.

À l'université, vous a-t-on parfois dit ou fait sentir que vous étiez un journaliste, et non un chercheur ?

Jamais. Je n'ai jamais senti, chez mes collègues, quelque réserve que ce soit à cet égard. Peut-être même a-t-on versé dans l'excès contraire. J'arrivais du journalisme, du *vrai monde,* j'avais déjà écrit quelques livres, et on m'a peut-être fait un peu trop crédit. Il me paraît d'ailleurs que le milieu universitaire au Québec — c'est le seul que je connaisse assez bien — est beaucoup moins fermé que ce qu'on peut imaginer de l'extérieur. Mais suis-je devenu un universitaire ? Ai-je fait tout ce qu'il fallait pour devenir un véritable universitaire ? Il m'arrive de me faire quelques reproches rétrospectifs, à ce sujet.

L'état des études de lettres à l'université, à cette époque, quel était-il ?

Vous savez que le département des études françaises a été créé, au début des années soixante, selon le modèle français de l'époque, et qu'il comportait quatre certificats : littérature française, esthétique, grammaire et philologie, littérature canadienne. Ce qui est disparu, dans la refonte des programmes, ultérieurement, c'est la grammaire et la philologie, et c'est peut-être un peu regrettable, surtout pour la philologie. L'enseignement était donc assez traditionnel, mais solide, et il commençait à s'ouvrir aux perspectives de la nouvelle critique, grâce, en particulier, au père Gagnon et à de jeunes professeurs comme André Brochu.

Les notes étaient très basses, aussi, à la française. Une note de cinquante assurait la réussite d'un cours, une note générale de soixante permettait de passer à l'année suivante. J'ai appliqué le système à la lettre, si l'on peut dire, et mal m'en a pris. Je me souviendrai toujours de la crise qu'a provoquée ma première remise de notes : ma fourchette allait d'un peu moins de cinquante à un peu plus de soixante !... Je me suis retrouvé devant des étudiants très peu contents. Ils avaient raison. J'ai rectifié le tir — au cours suivant !

La mise et la remise de notes, c'est la partie de l'enseignement la plus désagréable ?

Quand je corrige des copies, je fais toujours des séances personnelles de culpabilité. La phrase de l'Évangile : « Ne jugez pas et vous ne serez pas jugé », s'applique de façon littérale et quasi physique pour moi, quand je pratique le jugement sur les copies. Je suis rompu, à la fin.

Pourtant cela faisait longtemps que vous jugiez en tant que critique…

Ce n'est pas du tout la même chose. Une mauvaise note, à l'université, vous la donnez à une personne physique, là, devant vous. Et une note, c'est très différent d'une critique. Un article de critique, c'est du langage, du langage personnel ; une note, même accompagnée de commentaires, reste une note. Ça fait sec.

Mais les écrivains aussi sont souvent blessés par la critique.

J'en suis sûr. Je suis d'ailleurs passé par là, moi aussi, j'ai reçu quelques critiques comme des gifles. Il faut être un peu inconscient pour pratiquer la critique, il faut croire à la nécessité générale de la critique sans trop s'inquiéter de ce qui se passe dans tel cas particulier. Oui, j'ai eu des regrets, peut-être même des remords, à quelques reprises. Mais je ne crois pas avoir eu une influence négative sur la carrière d'un écrivain. Peut-être dis-je cela pour me rassurer. Je suis sûr, en revanche, d'en avoir aidé quelques-uns, du moins d'avoir favorisé la vente de leurs livres.

Depuis que je suis à *L'actualité,* je n'ai pas beaucoup d'inquiétudes. Les livres que je n'aime pas, dont je dis du mal, sont le plus souvent bien installés dans la listes des *best-sellers,* et mes réserves ne leur nuisent aucunement. C'est une situation dont je m'arrange très bien.

Deuxième partie

TEXTE
ET VÉRITÉS PROBABLES

Pierre Popovic : *Des écrivains accompagnent votre parcours critique : Michelet, Saint-Denys Garneau, Rimbaud, Lautréamont, Ducharme, Char, Gabrielle Roy...*

Gilles Marcotte : Ce panthéon s'est constitué en grande partie par associations. Michelet, je l'ai dit, m'est venu par Rimbaud — il y a du Michelet, du Michelet travesti, dans Rimbaud. Et Michelet m'a conduit à François-Xavier Garneau l'historien, dont je me suis pas mal occupé ces derniers temps. Réjean Ducharme m'a conduit à Lautréamont, et Lautréamont à Ducharme. Saint-Denys Garneau, René Char, Gabrielle Roy, par contre, ce sont des vieilles histoires de jeunesse.

Ce qui me frappe quand j'entends tous ces noms, c'est que la liste contient des écrivains auxquels je m'identifie — les derniers — et d'autres auxquels je me mesure, qui sont pour moi, si je puis dire, des contraires essentiels. Je n'ai rien du voyou à la Rimbaud, et la révolte chez moi est assez feutrée, mais quand j'arrive à *Une saison en enfer* et aux *Illuminations* — la première partie de l'œuvre ne me retient pas longtemps — mon esprit est violemment sollicité, je me mets d'instinct au travail. Il en va de même pour Lautréamont le forcené comédien, et c'est par là, par cette faille, que je suis entré chez lui, par l'ironie. Je l'ai enseigné très tôt, dans un cours de deuxième année du baccalauréat ; je n'aurais peut-être pas dû, car il faisait peur aux étudiants. Il y avait là des jeunes filles, en particulier, qui étaient tellement atterrées par ce qu'elles lisaient, qu'elles n'arrivaient pas à écrire sur lui. Je leur ai dit : « Écrivez-moi une lettre : " Cher Monsieur Marcotte — enlever le 'cher' s'il vous embête —, et parlez-moi de Lautréamont comme si vous écriviez une lettre à quelqu'un. " » Elles ont fait de très bons travaux.

Je suis donc allé assez souvent vers des auteurs qui étaient très différents de moi-même, et il faut croire que cela correspondait, en moi, au besoin de me contredire, d'essayer des contraires. J'ai toujours rêvé de donner un cours sur Mallarmé, précisément parce qu'il y a chez lui un côté précieux, qui est évidemment aux antipodes de mes manières. Mais aussi quelle précision, quel usage superlatif du langage !

En revanche, quand j'ai lu Saint-Denys Garneau — je l'ai déjà dit, je crois — je me suis senti immédiatement chez moi. C'est pourquoi peut-être, par la suite, j'ai passé de nombreuses années sans écrire une ligne sur lui, je viens tout juste d'y revenir. Curieusement, malgré des distances très visibles, la poésie de René Char m'a offert le même accueil, le même réconfort. Je l'ai connue elle aussi alors que j'étais assez jeune, dans un cours du père Gagnon sur la poésie française contemporaine, à l'université de Montréal, qui était assez extraordinaire. *Les feuillets d'Hypnos*, le livre de résistance de René Char, a été pendant un demi-siècle mon livre de chevet. Mais je ne me suis décidé à donner un séminaire sur son œuvre qu'à la toute fin de ma carrière.

Lautréamont... La rupture entre Les chants de Maldoror *et* Les poésies, *exprimée de façon si cavalière (il a dit le mal, il va faire le bien), comment la lisez-vous ?*

Mais il n'y a pas de rupture ! Il s'agit d'une simple inversion de signes. J'ai dit telle chose, je dis maintenant le contraire, cela revient au même. Lautréamont pratique le même excès dans le bien que dans le mal, et c'est l'excès qui compte, qui est significatif, non le bien ou le mal, qui sont pour lui de simples catégories. D'ailleurs ce qu'il fait dans les *Poésies* avec les textes de Vauvenargues — qu'il transforme en ajoutant ou en supprimant une négation —, il l'a déjà fait, d'une autre façon, dans *Les chants de Maldoror,* surtout dans le sixième chant. Lautréamont écrivant sur le bien le fait de telle manière qu'on ne le croit pas plus que lorsqu'il écrivait sur le mal. Lire naïvement Lautréamont, comme un croyant, c'est courir à sa propre perte.

Une question semblable se pose pour Rimbaud. Nous — les amateurs — aurions compris qu'il quitte la littérature pour devenir explorateur, alchimiste, navigateur, n'importe quoi. Mais non, il devient marchand, et toute l'affaire se termine de manière un peu lamentable. Pourquoi a-t-il arrêté d'écrire ?

Rimbaud faisant une grande œuvre dans un autre domaine, ç'aurait été un non-sens : il ne travaillait pas pour le bien de l'humanité, ce garçon... Il est beaucoup plus fidèle à lui-même, paradoxalement, en se trahissant. Après l'extrême de la poésie, il est allé à un extrême de banalité qui authentifie rétrospectivement le caractère extrêmement, affreusement concret de sa poésie. D'un autre côté, ne peut-on pas dire que celui qui va « trafiquer dans l'inconnu », en Abyssinie, est beaucoup plus près de l'auteur des *Illuminations* que celui qui serait allé se promener au pôle sud ? Lisez les lettres d'après la poésie : elles sont indiscutablement de Rimbaud, d'un Rimbaud désespérément toujours aux prises avec le même Rimbaud.

Un autre auteur que vous connaissez bien, Réjean Ducharme, a lui aussi un caractère énigmatique. Sa discrétion dit-elle quelque chose de révélateur sur l'institution littéraire québécoise ?

L'institution québécoise étant extrêmement paroissiale et familiale, je comprends qu'un écrivain de la taille de Réjean Ducharme veuille y échapper. Son retrait ne m'a jamais étonné. Il est tout à fait normal pour un écrivain, et notamment pour un écrivain comme Ducharme, de rester à l'écart. C'est un écrivain de l'écart maximal : à l'écart qui se produit dans son œuvre, correspond l'écart dans lequel il se tient par rapport à l'institution.

Y a-t-il des écrivains que vous ne pourriez pas ou que vous ne voudriez pas travailler ?

Question redoutable. J'essaie d'imaginer... Je ne suis pas du tout à l'aise dans la poésie de Victor Hugo. Mais je suis un homme docile : si on me disait que l'an prochain on a besoin d'un cours sur cette matière, je pense que je m'y mettrais et que, dans la mesure même où je n'y suis pas à l'aise, où ça ne correspond pas à l'idée que je me fais de la poésie, je pense, oui, que j'y trouverais du plaisir.

Avec Baudelaire non plus, vous n'êtes pas à l'aise...

Je pense à Rimbaud disant que, chez Baudelaire, « la forme est mesquine ». Mais si je n'entre pas facilement dans sa poésie, sa prose en revanche me fascine, me comble. Il faut dire que j'ai de la difficulté à lire la poésie romantique, qui rime et qui compte les pieds. Il y a là une quincaillerie qui me gêne, sauf dans les sonnets de Nerval et quelques poèmes, les derniers, de Mallarmé. Mais si je ne me sens aucun devoir envers Hugo, j'ai du remords de ne pas aimer la poésie de Baudelaire, et je vais m'y mettre, je vais relire, je vais essayer d'entrer. Trop de gens autour de moi, qui sont de parfaits lecteurs de poésie, tiennent l'œuvre poétique de Baudelaire pour une des plus grandes, des plus nécessaires. De plus, je viens de relire, dans les admirables *Proses* de Pierre Jean Jouve, le poème intitulé « Le réconfort Baudelaire », qui ébranle tous mes préjugés. Il est toujours temps de relire.

Et Sade ?

Non. J'ai rencontré des réflexions sur Sade chez René Char, ou chez Sollers, ou chez Barthes, qui me paraissent pleines de sens. Mais lire Sade, non je ne peux pas. On peut me considérer comme bégueule, si l'on veut...

101

Dans La prose de Rimbaud, *vous proposez une lecture qui s'oppose à la fois à la critique d'admiration béate (« Rimbaud est un génie, donc on ne peut rien en dire ») et aux critiques biographisantes ou immédiatement politiques de Rimbaud. Vous parlez plutôt de pure dépense de signes. Est-ce que cela définit pour vous une éthique de la littérature ?*

Une « pure dépense de signes » ou, comme le dit Rimbaud lui-même dans les *Illuminations,* un « solde ». Les signes, ou les mots qui ont dans le langage utilitaire une certaine fonction, sont détournés de cette fonction, entrent dans un autre circuit d'échange sans oublier ce qu'ils furent d'abord, et ce déplacement constitue une critique — indirecte, insistons, indirecte — du discours social. La lecture que je propose de Rimbaud, dans ce petit livre, est avant tout sociale et politique, plus politique que sociale. J'oublie le jeune homme Rimbaud — pas complètement, j'y reviens à quelques reprises, notamment à la fin, je ne crois pas aux frontières immuables —, j'oublie donc le jeune homme Rimbaud, et j'essaie de lire, dans ce qui se présente en première instance comme une révolution personnelle — pensez au début d'*Une saison* —, une révolution beaucoup plus large, l'esprit même de révolution qui a traversé le dix-neuvième siècle français. Comment y suis-je arrivé ? De la façon la plus simple : j'ai pris l'édition de la Pléiade faite par M. Adam et quelques collaborateurs, où on lit souvent que Rimbaud semble, dans tel texte, s'être inspiré de tel penseur, réagir à tel événement. Et je suis allé voir les textes. L'influence, en soi, ça ne veut pas dire grand-chose ; ce qui est intéressant, c'est de voir comment Rimbaud transforme, travaille les textes qui composent en quelque sorte son monde.

On ne peut pas dire, à partir d'une telle analyse : Rimbaud veut la révolution, ou dénonce la révolution. Ce sont là des lectures univoques, idéologiquement orientées, qui ne tiennent pas la route. La poésie, la littérature ne sont pas faites pour de telles leçons. Ce qu'on peut dire cependant, c'est que la révolution, l'idée même de la révolution, l'idéologie de la révolution montre dans le texte de Rimbaud la multiplicité de ses sens, de ses effets possibles. Cela dit, on peut noter qu'entre le texte rimbaldien et les thèses d'un François Furet sur la révolution, se produisent quelques rencontres intéressantes — mais qui n'épuisent évidemment pas le sens d'*Une saison* ou des *Illuminations*.

Est-ce que je vous trahirais si je disais cependant qu'il y a chez Rimbaud une fête de la révolution ? Et je dirais même une fête de la révolution en tant que dépense ? Non pas la révolution comme support idéologique, mais la révolution comme moment magique, formidable, étincelant, crépitant de la dépense.

Une fête ? Oui, peut-être dans les poèmes qui précèdent *Une saison* ; mais bien sûr, une fête cruelle, sanglante, de fureur pure, une fête très vite désespérée, qui n'est pas à recommander dans les cours de récréation... Je la retrouve, oui, à la réflexion, dans les *Illuminations,* mais radicalement transformée, devenue avant tout la fête d'un langage nouveau, d'un monde nouveau. Post-révolutionnaire ?

Vous défendez souvent « la » littérature, avec un ferme arti-
cle défini. Cela pose quelques questions… « La » littérature,
n'est-elle pas aussi responsable d'un nombre assez inquiétant
d'horreurs ? D'aucuns vont jusqu'à dire qu'elle est, dans la
très grande majorité de ses productions, au service d'une
cause réactionnaire ou de la barbarie. On dira par exemple
qu'il n'y a pas de différence réelle entre le Céline romancier
du Voyage au bout de la nuit *et le Céline des* Bagatelles
pour un massacre.

Oui, mais ce sont là des textes fondamentalement différents, et je ne vois pas comment on peut les rapprocher
au point de les confondre. À ce compte-là, est-ce qu'on
devrait nécessairement retrouver dans une œuvre romanesque, par exemple, les idées politiques justes, généreuses
qu'un écrivain a exprimées par ailleurs ? François Mauriac,
par exemple. Il a tenu, durant la deuxième moitié de son
existence, et avec une fermeté exemplaire, des positions
presque toujours justes, ouvertes, sur les questions politiques de son époque : la résistance, l'Algérie, et cetera. Est-
ce à dire qu'une analyse sociocritique permettrait de
trouver dans son œuvre romanesque des reflets d'une telle
lucidité politique ? Je n'en suis pas du tout sûr. Et encore,
je reviens à ce que je disais tout à l'heure de Rimbaud, et
je généralise : la littérature, du moins quand elle mérite
cette appellation, ne se contente évidemment pas d'être le
reflet des idées du temps, fût-ce celles de l'auteur, mais
elle transforme, elle remet en jeu, en question, intermina-
blement, c'est pour cela qu'elle est faite.

Mais ce que vous venez de dire, cela se démontre, ou bien
cela se croit ?

Vous êtes exigeant ! Non, je ne pourrais pas vous faire une démonstration en bonne et due forme, ne laissant aucune place au doute, de ce que j'avance. Mais ce que je dis de Rimbaud, par exemple, peut être discuté, contesté, demeure *falsifiable,* pour reprendre le mot célèbre de Karl Popper. Ce n'est pas une affaire de simple croyance. Je pense qu'on peut, dans les études littéraires, en critique, arriver à quelque chose d'assez convaincant pour que la probabilité d'une vérité soit présente. La différence, ici, ne se fait pas — ou ne se fait pas pour l'essentiel — entre une lecture vraie et une lecture fausse, mais entre une lecture féconde, créatrice, et une lecture, disons inactive. Je sais qu'une telle distinction n'est pas très satisfaisante pour ce que Pascal appelait l'esprit de géométrie.

Permettez-moi d'insister en revenant sur l'absolu de l'article « la ». Vous souvenez-vous d'avoir écrit des comptes rendus de La dormeuse éveillée *d'Yvette Naubert, d'Isabelle de* Frêneuse *dont j'ai oublié l'inoubliable auteur et d'un certain nombre d'œuvres qui n'ont guère laissé de grands souvenirs ? Ce que l'on appelle « la » littérature est une production considérable où, pour un Rimbaud, on dénombre d'innombrables scories. L'article défini est-il maintenable ?*

La liste des œuvres mineures ou désolantes dont j'ai eu à m'occuper dans ma carrière de critique pourrait être très longue. Le critique, je l'ai dit assez souvent, est *aussi* un guide du consommateur, il essaie de déterminer si telle œuvre est intéressante, si elle appartient ou non à la littérature. L'article dont vous parlez, le « la », désigne l'opération littéraire — et par extension les œuvres où cette opération a vraiment lieu —, plutôt que la production littéraire. La frontière, entre ces deux sens du mot littérature, n'est d'ailleurs pas toujours d'une clarté absolue. Et elle bouge parfois, sous l'effet des lectures successives. Il y a des œuvres pourtant classées, comme on parle des monuments historiques classés, qui se déclarent déficientes à cet égard, quelques décennies après leur parution ; et il y a des œuvres considérées comme très mineures, appartenant à la littérature populaire, qui tout à coup montent en grade.

Dans Une littérature qui se fait, *vous défendez la thèse selon laquelle la littérature influe sur la réalité, agit sur le monde, et qu'elle appartient non à ses créateurs et à ses critiques, mais à tous. Vous persistez ?*

Je persiste et je signe. La littérature n'est pas une spécialité, une chasse gardée ; elle appartient, de droit, à tout le monde. Elle n'est pas l'affaire d'une minorité, et je suis assez fâché quand les sociologues, du haut de leur chaire de vérité, la rangent parmi les manifestations de la *culture d'élite*. Durant mon existence, qui commence à être assez longue, j'ai vu des œuvres littéraires, et souvent des œuvres fort exigeantes, atteindre toutes sortes de personnes. Car la littérature voyage, elle prend des voies très diverses pour atteindre des gens très différents les uns des autres. Les grandes œuvres publiées en format de poche en sont la preuve : on ne me fera pas croire que seuls les *happy few* les achètent et les lisent. Les chemins de la lecture sont imprévisibles.

ET VÉRITÉS PROBABLES

*Comment évaluez-vous les déterminismes sociaux, histori-
ques, géographiques, qui limitent le nombre des lecteurs par
exemple ?*

Tout ce que je peux opposer à cela, c'est le nombre
même, la quantité des déterminations ; elles sont si nombreuses qu'elles ne peuvent pas faire preuve, et que l'on
doit accorder beaucoup d'importance en ce domaine au
jeu, au hasard. Évidemment, il faut avoir appris à lire :
c'est une limite. Mais il faut savoir lire, également, pour
lire les romans populaires de la collection Harlequin, peu
suspects d'être réservés à l'élite.

*L'action de la littérature sur la réalité, est-elle une action
directe ?*

La littérature fait partie de la réalité, elle agit *dans* la
réalité ! Ce qui ne règle pas la question de son mode
d'action, bien sûr. Les effets de la littérature sont divers,
parce qu'on lit pour plusieurs raisons différentes, et c'est
peut-être la marque essentielle d'une grande œuvre, que
de s'offrir à des lectures multiples. Il y a des lectures
naïves, des lectures d'adhésion, et des lectures distan-
cées, et je tiens les premières pour parfaitement légiti-
mes, parce que la littérature c'est aussi cela, une façon
de se retrouver comme par magie dans un monde
accueillant, mais profondément différent du sien. On
peut lire *Le rouge et le noir* comme une histoire du dix-
neuvième siècle comme on peut le lire, plus littéraire-
ment, comme travail de langage. Je relis actuellement
les *Proses* de Pierre Jean Jouve, quelques pages chaque

soir, comme si j'y faisais une lecture spirituelle en quelque sorte...

Plus globalement, on pourrait dire qu'une société sans littérature — « sans histoire et sans littérature », disait Lord Durham ! — est une société infirme, à la fois du point de vue du langage et de celui du développement de l'esprit. Ni le cinéma ni la télévision, que l'on range abusivement parmi les arts, ne peuvent la remplacer.

Dans La littérature et le reste *— qui est un échange de lettres avec votre collègue André Brochu —, l'une des questions que vous abordez de façon récurrente (et qui tracasse très fort votre correspondant), est le rapport entre la critique littéraire et la science.*

André Brochu était beaucoup plus profondément requis que moi par cette question, parce qu'il était né pour ainsi dire avec la nouvelle critique, et qu'il avait fait un investissement considérable dans la théorie au début de sa carrière. Je dois dire que, pour moi, je ne suis pas très intéressé par cette question, qui me paraît d'ailleurs presque toujours mal posée, à partir d'un appétit de certitude que j'essaie de satisfaire ailleurs. Sur cette question, je suis volontiers Jean Starobinski, un des plus grands critiques de l'époque, disant que dans les études littéraires on peut utiliser des méthodes pour des paliers distincts de l'œuvre littéraire, et que ces méthodes peuvent être rapprochées de la science : ainsi, la philologie peut être dite scientifique. Mais pour ce qui est de l'œuvre dans sa totalité, les méthodes ne jouent plus — on est dans la lecture, et la lecture est une rencontre, une rencontre de langages, et ne peut plus être gouvernée par une méthode. Je dois avouer d'ailleurs que les méthodes, en littérature, ne m'ont pas beaucoup occupé, et que j'en ai quelque remords. Mais parler d'une science de la littérature me paraît toujours abusif.

Il existe cependant des procédures de validation qui peuvent être utilisées même dans la critique littéraire. Vous pensez qu'elles sont nécessaires ?

Mais oui, sans aucun doute. Je n'ai pas la passion de l'erreur. J'irai un peu plus loin, et je dirai qu'en critique même, là où ne jouent plus les contrôles scientifiques, il peut se produire des erreurs, des affirmations erronées. Je le sais, j'en ai produit moi-même !

Le modèle des sciences naturelles n'a-t-il pas envahi le domaine des sciences humaines ?

Le problème vient en partie de ce que nous sommes à l'université. Et qu'à l'université il y a des physiciens, des chimistes, des médecins, qui doivent travailler avec des méthodes de validation beaucoup plus évidentes que les nôtres. Pour être considérés comme des universitaires de plein droit, les littéraires ont rêvé de transporter dans leur domaine l'idéal scientifique des premiers, en l'adaptant plus ou moins, ce qui a produit dans certains cas des résultats déplorables. Il me semble que cette prétention est, actuellement, en train de se résorber.

Vous arrivez au professorat et à la critique universitaire au moment où tout un débat se déroule en France autour de la nouvelle critique, de Barthes, du structuralisme. Avez-vous suivi les choses de près ?

Avant d'arriver à l'université, j'avais fait des comptes rendus, dans le journal, d'ouvrages de Roland Barthes, Umberto Eco. Je n'étais donc pas tout à fait... vierge. J'ai continué bien sûr à les lire, et quelques autres, à l'université, et sans doute de façon plus intense, de façon plus systématique que je ne l'avais fait auparavant, à cause du métier nouveau dans lequel je me trouvais. J'avais choisi très vite mon camp, celui de Barthes contre Picard. Et cela m'était d'autant plus facile que j'avais été très peu marqué par la tendance traditionnelle d'un Picard. En fait, c'est du côté traditionnel que mes carences étaient les plus grandes, et je m'en suis rendu compte en commençant à faire, pour les étudiants de première année, de l'explication de texte. Les ouvrages de la « nouvelle critique » qui m'ont marqué étaient moins ceux des théoriciens que des praticiens : Jean-Pierre Richard, Starobinski, et cetera. Mais j'ai lu également beaucoup d'œuvres qui n'appartenaient pas — ou n'appartenaient pas officiellement — à ce courant. Je citerai en particulier le grand livre d'Eric Auerbach, *Mimesis,* que je n'ai cessé de recommander aux étudiants durant mes années d'enseignement, et dont la méthode — au sens le plus large du mot — m'inspire encore aujourd'hui.

Vous avez toujours été un « textualiste »...

Ce qui me passionne, oui, c'est le texte, la rencontre avec le texte, la lecture. C'est l'essentiel de ce que j'ai appris à l'université. Le texte, et encore le texte, au plus près...

Une question sur Barthes. Il y a une figure double, une dualité presque tragique chez lui, entre d'une part la qualité littéraire de ses analyses et d'autre part les emprunts souvent peu maîtrisés faits à la linguistique, à la sémiologie, voire à la sociologie. Quel est votre livre de Barthes préféré ?

Le Barthes de la linguistique, de la sémiologie, ne m'a pas retenu bien longtemps. C'est l'autre, celui qui l'a suivi, le Barthes du *Michelet,* du *Sur Racine,* du *Degré zéro de l'écriture* — je cite en vrac, dans le désordre —, qui m'a intéressé, le théoricien mêlé au praticien, au lecteur. C'est très fragile, Barthes, souvent ; quand on relit, on se dit parfois qu'il a écrit un peu vite, qu'il n'a pas été assez précis. Mais c'est peut-être, là, la rançon inévitable d'une véritable créativité. Et puis, Barthes est un écrivain ; et je dois dire que les seuls critiques qui m'intéressent vraiment sont ceux qui sont écrivains, qui participent à l'aventure de l'écriture. Cela comporte des risques.

À l'époque, même si la linguistique devient la reine des sciences humaines, vous pratiquez plutôt un certain type d'analyse idéologique...

À vrai dire, à ce moment-là, je ne savais pas exactement ce que je faisais, je ne sentais pas le besoin de mettre une étiquette sur mes petits travaux.

Peut-être, mais il me semble que, dès 1975, vous êtes jusqu'au cou dans l'analyse idéologique.

Quand on travaille en littérature québécoise, on peut difficilement éviter de mettre la littérature en rapport avec la société globale. On s'intéresse à elle à cause de l'adjectif plutôt que du substantif, et cela nous renvoie au milieu social, à l'interaction entre l'œuvre et le milieu. Cette mise en rapport, qui se faisait de façon quasi instinctive, sans horizon théorique bien défini, s'est un peu précisée quand je suis arrivé à l'université. (Pourquoi devient-on professeur d'université, sinon pour s'instruire ?) Peu à peu, j'ai fait la distinction entre société et texte social, discours idéologique, et mes entreprises sont devenues, me semble-t-il, un peu plus fécondes. Cette conception, je l'ai exposée pour la première fois à un colloque organisé à l'université d'Ottawa, en 1977. Jean-Charles Falardeau, le sociologue de l'université Laval, qui avait fait des analyses sociologiques remarquables sur la littérature québécoise, s'y trouvait, et c'est en écoutant ses observations que je me suis aperçu que j'avais fait quelque chose d'un peu neuf, du moins en domaine québécois. Si j'en étais arrivé là, c'était sans doute à cause de l'explication de texte, du privilège accordé au texte dans cet exercice. Aujourd'hui, je me demande parfois si je ne suis pas allé trop loin dans ce sens, si la littérature n'a vraiment affaire qu'au texte social, comme je le disais, et non à la réalité sociale. Je soulève là un bouquet — non, un cactus ! — de questions que je ne suis pas prêt à discuter ici. De toute façon, je pense qu'on ne peut jamais avancer si on n'exagère pas...

En 1947, dans un texte étonnant du début de votre carrière journalistique, vous parlez en passant d'un « roman polyphonique » ! J'imagine que c'est votre goût pour la musique qui vous suggéra ce mot que vous alliez retrouver bien plus tard chez Mikhaïl Bakhtine. Auriez-vous trouvé chez Bakhtine une synthèse originale permettant de sauvegarder le texte et de résister à la fois à la linguistique (structurale), à Althusser, au marxisme ?

Un texte de moi, en 1947 ? Où ça, grands dieux ? Bon, puisque je n'ai pas l'article sous les yeux, et que je ne me souviens évidemment pas du roman dont il parle, je ne puis pas vous dire grand-chose, mais l'adjectif « polyphonique », appliqué à une œuvre littéraire, m'était sans doute venu de quelque étude critique. Mais, même quand je l'ai retrouvé, très enrichi, chez Bakhtine, il ne m'a pas aidé à résister à tout ce que vous dites, tout simplement parce que les adversaires — la linguistique, Althusser, le marxisme —, je ne les connaissais à peu près pas. La linguistique, j'ai regardé un peu, et j'ai fui ; Althusser, j'ai potassé un de ses textes, et je m'y suis intéressé jusqu'au moment où je me suis aperçu qu'il ne m'était utile en rien ; le marxisme, je ne l'ai connu que par le *Manifeste du parti communiste* et *L'idéologie allemande*. Oui, là, la conception marxiste ou marxienne de l'idéologie, je n'y suis pas seulement passé, j'y suis resté un petit moment...

Acceptiez-vous la définition devenue classique : « idéologie égale fausse conscience » ?

C'est la conception marxiste, oui, je viens de la retrouver dans le livre de Marc Angenot sur le ressentiment, où elle est d'un très bon rendement. C'est l'extension qu'on lui donne, sa généralisation, qui me gêne. Je me sens plus près de la conception, disons moins méfiante, de Fernand Dumont, pour qui l'idéologie est une construction sociale légitime, et non pas dès l'abord un discours servant à masquer les intérêts mesquins d'un groupe social. C'est à partir d'une telle conception que j'ai travaillé sur les rapports du texte littéraire avec l'idéologie, ou plus justement sur la façon dont le texte littéraire traite le discours idéologique. Ce discours idéologique légitime, il faut dire qu'il est également, et forcément, incomplet, que pour assurer sa propre cohérence il doit rejeter à l'arrière-plan, ou même dans le néant, un certain nombre de réalités qui le gêneraient. Je me suis souvent référé, à titre d'exemple, à l'idéologie de *Cité libre,* précisément parce que j'y avais adhéré à l'époque, et qu'encore aujourd'hui je lui reste, dans les grandes lignes, fidèle. Je ne puis donc la considérer tout simplement comme un masque. Or, j'ai cru retrouver les motifs principaux de l'idéologie de *Cité libre* dans un très beau roman paru au début des années cinquante, *Poussière sur la ville* d'André Langevin. Mais si le personnage central, le docteur Dubois, porte ces motifs : nécessité de l'analyse rationnelle pour l'action, liberté, volonté du salut par rapport au corps social, l'ensemble du roman, et particulièrement le personnage de sa femme Madeleine, nous entraîne de l'autre côté du décor, et montre les effets pervers possibles de l'idéologie. C'est ce qui arrive à toute idéologie lorsqu'elle est traitée par la littérature ; j'y insiste, *toute* idéologie, parce qu'elle est incapable d'englober la réalité tout entière, qu'elle en sacrifie forcément une partie, alors que la littérature, elle, s'intéresse au tout, à l'ensemble des possibles. Je ne veux pas dire que la littérature est supérieure au discours idéologique, que du haut de sa grandeur elle est en mesure de la juger ; disons qu'elle travaille à côté, dans un lieu où elle n'a pas, comme ce discours, à tenir compte des nécessités de l'action. Dans le livre dont je parlais tout à l'heure, Marc Angenot dit, drôlement, que la littérature « peut peu » ; et c'est vrai, si l'on pense à l'action sociale immédiate. Mais ce « peu », dans une autre perspective, c'est considérable — essentiel. Il s'agit de ne pas perdre contact avec la globalité de la réalité humaine.

Vous avez écrit : « Enseigner la littérature, c'est enseigner ce qui ne s'enseigne pas. » Comment peut-on enseigner ce qui ne peut pas s'enseigner ?

L'abbé Bremond, que je cite souvent, a écrit que « le professeur de littérature est un professeur de plaisir »... Comment enseigne-t-on le plaisir ? Peut-être pas selon les règles édictées à la faculté des sciences de l'éducation. On n'a pas encore inventé de *kama-sutra* pour la littérature. Si je cite souvent la phrase de l'abbé Bremond — dont la mienne, que vous avez citée, n'est qu'une variante —, c'est pour bien marquer que l'apprentissage littéraire, pour moi, ne passe pas que par les méthodes, mais doit s'appuyer sur une connaissance savoureuse du texte. J'ai déjà rencontré des étudiants, oui, au département d'études françaises, qui me disaient ne pas aimer la littérature. Que faisaient-ils là ? Je n'avais rien à leur dire. Il y a des émotions, dans cette affaire. Je prétends qu'aucune explication de texte ne peut être bonne, juste, intéressante, si celui qui l'a faite n'a pas été, d'une façon ou d'une autre, séduit par le texte, par ce qui fait qu'il est proprement littéraire, par ce qu'on appelle sa littérarité. Cela s'éprouve avant de se démontrer, et l'explication de texte n'est peut-être que le chemin particulièrement tortueux que l'on prend pour aller du plaisir à la connaissance et vice versa. Si je reviens à mon bout de phrase, je dirai que le plus simple moyen pour un professeur, et sans doute le seul, de faire aimer la littérature, les œuvres, c'est de les aimer lui-même.

Vous venez de dire que l'explication de texte fait apparaître la « littérarité » d'un texte. Or la plupart des disciplines qui ont tenté de définir stricto sensu *cette notion de littérarité ont fini par y renoncer ou n'ont fourni que des définitions ne tenant guère la route. Est-ce, à votre avis, parce qu'elles cherchaient une définition fermée, alors que vous concevriez plutôt cette littérarité comme un projet ?*

Un projet, oui, et non pas une définition fermée... La frontière, entre ce qui est littéraire et ce qui ne l'est pas, n'est certainement pas étanche, et elle n'est surtout pas immobile. Un texte peut entrer dans la littérature, et en sortir, pour des raisons très diverses. Les récits de Jacques Cartier, par exemple, sont devenus littérature grâce à la lecture de plus en plus mythique qu'on en a faite, celle notamment du poète Pierre Perrault... L'opération littéraire, dans laquelle écriture et lecture collaborent étroitement, consiste à produire une forme qui multiplie les sens, qui rend le sens unique indécidable. Impossible, par exemple, de dégager le sens de *Madame Bovary* ou des *Versets sataniques*. C'est pour cette raison que les œuvres authentiquement littéraires continuent de vivre :

on n'a jamais fini de les lire, leur réserve de sens est inépuisable.

Dans Qu'est-ce que la littérature ?*, Sartre a cette phrase définitive : « Au XIXe siècle, la littérature n'a pas encore compris qu'elle est elle-même l'idéologie. »*

Je n'ai pas le contexte sous les yeux ; il faudrait préciser ce que Sartre entend ici. S'il y a de l'idéologie quelque part, il doit y en avoir partout, et il y en a certainement en littérature. Il y a une idéologie — je dirais plutôt : des idéologies — de la littérature, et la conception même de la littérature comme autonome, par rapport aux autres discours d'une société, participe de l'idéologie. Il y a aussi de l'idéologie *dans* les œuvres littéraires, comme Pierre Barbéris et beaucoup d'autres l'ont montré ; l'œuvre littéraire transporte, reproduit les idéologies de son époque. Mais ne fait-elle que ça ? Je pense, moi, qu'elle fait autre chose, qu'elle opère un véritable détournement d'idéologie, elle la met en mouvement, en jeu, en question. La littérature est faite, précisément, pour ça. Je l'ai dit tout à l'heure, cela ne veut pas dire que toutes les œuvres y arrivent : un très grand nombre, la plupart sans doute, restent prises dans les filets de l'idéologie, du discours univoque. Mais toutes, parce qu'elles s'inscrivent dans l'institution littéraire, dans un projet littéraire, s'y essaient. Cela dit, je tiens à souligner la très grande importance qu'a pour moi l'étude de Sartre : c'est un texte brillant, où se trouvent en amorce à peu près toutes les thèses de sociologie littéraire de notre temps, de Roland Barthes à Pierre Bourdieu, de Jacques Dubois à Michel Biron.

Vous avez très peu parlé de psychanalyse dans vos ouvrages et, quand vous en parlez, c'est avec humour. C'est une résistance inquiète ou une dénégation ?

Forcément, quand on parle de psychanalyse, les choses se compliquent un peu. Je pourrais dire que je suis entré en littérature par les cours du père Gagnon, à l'université, aux alentours de 1950, qui faisait des lectures psychanalytiques très riches de la poésie contemporaine. Éblouissantes, et dérangeantes. Je me souviens d'un étudiant qui, au milieu d'un cours, avait pris lentement son manteau, ses cliques et ses claques, et gagné la porte : il n'en pouvait évidemment plus, le pauvre. J'ai lu un peu de psychanalyse depuis lors, notamment ce chef-d'œuvre que sont les *Cinq psychanalyses* de Freud, mais il est vrai que je m'en suis éloigné progressivement, enfin peut-être pas tant de la psychanalyse elle-même, pour laquelle j'ai beaucoup de considération, que de son application — je déteste ce mot, et c'est pourquoi je l'emploie ici — au texte littéraire. Je ne crois pas plus à une critique psychanalytique qu'à une critique sociologique, quand l'une et l'autre font bon marché des exigences propres du texte. J'ai lu trop d'études où, en s'autorisant plus ou moins légitimement de Lacan, plutôt moins que plus, on pratiquait sur les textes littéraires, sur des bouts de texte plus précisément, des dérives de signifiants que l'ensemble ne soutenait pas. C'est terrible, la psychanalyse ; rien ne peut arrêter son char, une fois lancé contre le texte, tout vole en éclats. La victoire est souvent trop facile. Si le texte cède trop facilement aux sollicitations du discours qui le traite, il y a quelque chose qui ne va pas. Cela vaut aussi bien, je le répète, pour la sociocritique que pour la psychocritique.

Y a-t-il pour vous une difficulté à concilier déterminisme psychanalytique et réclamation de liberté ?

La psychanalyse est-elle déterministe ? Ce qui l'est certainement, c'est la psychanalyse réduite à une sorte de mécanique, dans certaines études, une psychanalyse qui dit : voici l'effet, je vous donne la cause. C'est ce que je ne pouvais pas accepter, par exemple, dans les travaux critiques de Gérard Bessette — il me l'a assez reproché ! Nous n'en sommes plus là, me semble-t-il. La psychanalyse qui travaille dans les études d'une Ginette Michaud ou d'un Jean Larose n'a absolument rien de mécanique. Il y a là un véritable, un profond travail de lecture, qui donne toutes ses chances — et ses risques — à la liberté.

On fait parfois du couple réalisme-formalisme — particulièrement en poésie — une sorte d'alternance fondamentale de l'histoire littéraire. Cela vous paraît-il juste ?

C'est une grande question, qui survole de très haut les phénomènes littéraires, et qui par conséquent doit abolir un nombre très grand de différences. Petite question : cette alternance, qui semble jouer en effet dans la littérature française, est-elle observable de la même façon dans les littératures américaine, allemande, italienne ? Ce n'est pas sûr. Et les termes, à cause de leur clarté apparente, sont piégés, bien sûr. Qu'est-ce qu'une poésie « réaliste » ? Une poésie figurative ? La poésie d'un Gaston Miron, d'un Fernand Ouellette, d'un Jacques Brault, n'est pas plus figurative, quand on y regarde d'un peu près, que celle d'une Nicole Brossard. Quant au « formalisme », — entendons par là, au Québec, ce qui s'est passé à *La Barre du jour* et aux *Herbes rouges* —, il n'a pas succédé au « réalisme » de l'Hexagone, mais il a tout bonnement tenté d'assassiner la poésie. Il y a réussi en partie, d'ailleurs. La poésie se survit dans quelques poètes, surtout ceux de la génération de l'Hexagone ; globalement, elle est moribonde, malgré sa prolifération trifluvienne, ou peut-être à cause de cette abondance même. On n'en parle à peu près plus dans les journaux ; ou si on le fait, c'est dans une langue de spécialiste qui n'a plus, avec le langage commun, que des rapports tendus. La situation est semblable en France — à part Robert Marteau, Yves Bonnefoy, Philippe Jaccottet et quelques autres, qu'y a-t-il ? —, et l'on peut penser qu'il s'agit là d'un désastre proprement francophone, à mettre en relation peut-être, mais avec beaucoup de précautions, avec l'ambition théorique.

Le vers, en poésie, a-t-il encore du sens, une efficacité, un avenir ?

Nous vivons de la mémoire du monde : tout a un avenir, tout peut avoir du sens. Un des plus beaux livres de poésie que j'aie lus depuis quelques années, *Liturgie* de Robert Marteau, est fait de quelques centaines de sonnets. La rime n'est pas toujours présente, la division en strophes est plus ou moins respectée et ne comporte d'ailleurs pas l'espace réglementaire, mais il s'agit bien de sonnets, des textes fidèles à l'esprit de concentration du sonnet. Traditionalisme, modernité ? Le recours à la tradition est manifeste, mais il se fait selon les nécessités profondes de notre actualité. On ne retourne pas au sonnet ; on le prend, on le transforme, on le dit aujourd'hui. Le goût d'utiliser, en les transformant plus ou moins, les formes fixes de la tradition est d'ailleurs présent chez de nombreux poètes de notre temps, en France aussi bien qu'au Québec. Il ne s'agit pas, me semble-t-il, d'un repli, mais d'un jeu formel plein de sens, qui succède à une oblitération un peu trop facile des signes anciens.

Dans Le temps des poètes, *juste après avoir cité les noms d'Alain Grandbois, de Saint-Denys Garneau, de Rina Lasnier et d'Anne Hébert, vous écrivez : « Il y a une solitude de la poésie parmi les langages d'une société, qui n'est pas l'exact équivalent de la solitude du poète, de la solitude comme thème psychologique et moral, et qui tient à sa fonction propre. » Faut-il comprendre que la fonction sociale du poème tient à la solitude de la poésie ?*

D'une certaine façon, oui. Mais il faut situer cette phrase dans son contexte. Je l'ai écrite en partie contre moi-même, contre les textes que j'avais écrits antérieurement sur Saint-Denys Garneau, où je parlais de la solitude comme d'un malheur, peut-être social, surtout psychologique. C'était une idée un peu simple — j'en ai eu beaucoup —, contre laquelle j'ai voulu réagir dans *Le temps des poètes* en disant que le poète, le vrai poète, pratique un langage de contrariété, de contradiction par rapport au langage de la communauté, qui implique forcément une expérience de la solitude. Cette idée n'a rien de romantique, et ne fait pas du poète une sorte de victime expiatoire : elle dit seulement ce qu'est, ce que fait la poésie parmi les langages de son époque. Une poésie — je parle ici de la poésie plutôt que du poète — qui ne fait pas l'expérience de la solitude est une poésie manquée.

Parlons littérature québécoise… Fonctionne-t-elle comme un petit champ bourdieusien orthodoxe, avec conflits autonomes, habitus autogérés, stratégies de légitimation, etc. ?

Mais oui, mais oui. Le champ bourdieusien est ainsi constitué qu'on peut le retrouver partout. Il est évident qu'on peut analyser à la Bourdieu la rupture effectuée — ou annoncée — à la fin des années soixante entre le courant formaliste, en poésie, et l'Hexagone. Mais la littérature québécoise, par opposition à la française, est une littérature de petits moyens, et cela n'est pas sans conséquence sur le déroulement des opérations. Les oppositions et les positions sont faibles, peu marquées, et disparaissent rapidement. Quand Mallarmé prend ses distances, cela veut dire quelque chose ; quand *Parti pris,* le *Parti pris* littéraire, part en guerre contre ses devanciers — contre moi, par exemple, traité de « cloporte » dans un des premiers numéros —, il n'y a pas grand-chose de changé dans le paysage littéraire. Comment distinguer nettement des « champs » dans un milieu aussi exigu ?

Les lieux de pouvoir ne sont pas solidement tenus, et ce qui se présentait au départ comme une véritable prise de distance se retrouve presque aussitôt au centre de la scène, comme cela s'est produit par exemple pour le courant dit formaliste dont je parlais tout à l'heure. La théorie littéraire, la poésie de *La Barre du jour* s'est imposée en trois semaines dans presque tous les cégeps, de même que la fiction joualisante du *Cassé*. Et Claude Beausoleil est devenu critique de poésie au *Devoir*...

Cela rejoint une constatation plus générale que j'ai faite à plusieurs reprises : les révoltes, au Québec, font problème. On ramasse tout son courage, toute son énergie, on fonce dans la porte de grange — et, patatras, elle est ouverte, on se retrouve dans le tas de foin. J'ai vu durant ma carrière un certain nombre de jeunes vouloir opérer des ruptures radicales, et... « Attendez, vous allez voir ce que vous allez voir ! », qu'ils disaient, et on leur répondait : « Eh bien, bonjour, comment allez-vous ? Comme vous êtes charmants ! Comme l'air de la révolte vous rosit les joues ! » Il n'est pas facile de se révolter longtemps, dans ces conditions.

C'est embêtant pour le renouvellement, non ? L'une de vos phrases célèbres, lancée dans une table ronde sur l'institution littéraire et reprise dans un article paru dans Liberté, *dit que, « au Québec, l'institution littéraire devance les œuvres ». Vous maintenez ?*

Ma foi, le renouvellement se fait tout de même, mais d'une façon assez différente de ce que suggèrent les proclamations, les décisions explicites. *L'avalée des avalés*, c'est toute une révolution... Quant à l'institution qui devancerait les œuvres, oui, je le soutiens toujours, mais en y apportant certaines nuances exigées par l'évolution récente — depuis la révolution tranquille, disons — de la littérature québécoise. L'institution, au milieu du dix-neuvième siècle, a devancé ; aujourd'hui, je dirais qu'elle domine. La littérature québécoise est un ensemble, un ensemble valorisé en tant que tel, plutôt que la réunion d'un certain nombre d'œuvres singulières. Pensez aux milliers de pages du *Dictionnaire des œuvres littéraires du Québec,* où les navets les plus évidents doivent leur survivance à la nécessité de constituer un grand corpus national. Ou encore, lisez les chroniques littéraires des journaux, où le besoin de promouvoir l'institution autochtone entraîne la mise en valeur d'œuvres qui, dont, que, enfin, que dire…

Y aurait-il eu plusieurs formes d'institutionnalisation : d'abord par le politique, aujourd'hui par le marché ?

Par le politique ? Disons, plus précisément, par l'idéologie nationaliste. Par le marché ? Vous faites sans doute allusion au phénomène des *best-sellers,* qui s'est considérablement développé au Québec depuis une vingtaine d'années. Mais il s'agit là de ce que Bourdieu appelle le marché de grande production, qui n'entraîne pas une reconnaissance littéraire forte. En fait, une telle reconnaissance empêche l'autre, dans une certaine mesure. Je pense ici au *Matou* d'Yves Beauchemin, dont on hésite à reconnaître les traits proprement littéraires, précisément à cause de l'immense succès populaire qu'il a remporté. En revanche, parce que Beauchemin a reçu la consécration populaire, on est prêt à lui passer n'importe quoi : voir la critique de son dernier roman, *Le second violon.*

Vous avez souvent dit qu'il se publie trop de choses au Québec. Est-ce propre au Québec ou est-ce la conception même de la littérature qui est en train de changer ?

Il y a au Québec une machine éditoriale, subventionnée, qui pour être subventionnée doit publier un certain nombre de titres. Chaque année, je lis donc des dizaines de romans — pour *L'actualité,* je lis surtout des romans — qui sont des livres absolument étonnants, très mal écrits souvent, parfois pas écrits du tout, d'une imagination très bizarre. Je dis que je les lis ; je m'arrête généralement à la page cinquante environ, et je les mets de côté. Mais ils encombrent, bien sûr. Est-ce inévitable ? Faudrait-il restreindre la production, pour ne retenir que les meilleurs livres ? Une telle restriction n'aurait-elle pas pour effet de déprimer le marché, et par le fait même de nuire aux bons écrivains ? Je n'ai pas la solution miracle.

Il me faut ajouter que plusieurs de ces livres, ceux que je trouve bizarres, mal faits, sont parfois bien accueillis par l'ensemble de la critique et atteignent des ventes tout à fait respectables. C'est dire qu'ils répondent à une certaine attente, je n'ose pas dire un idéal. Il me semble que ce qui appartient à la fois au milieu social et à la production romanesque, ces temps-ci, c'est le désir de parler beaucoup, d'expectorer beaucoup de mots, de jouer avec, de s'ébrouer dans les mots, comme pour compenser de très longues périodes de silence...

On pourrait peut-être relier ce phénomène à une émission de télévision comme La petite vie *où les personnages sont clos sur leur idiolecte, ne semblent pouvoir arriver à dire un mot*

complet, sombrent dans des sortes de calembours défec-
tueux...

Je ne suis pas un expert en la matière. Je n'ai regardé *La*
petite vie que six ou sept minutes, un soir, en zappant désespérément. Problème de décibels : au-delà d'un certain
niveau, je ferme. Mais là où vous voyez un simple lien,
moi je vois plutôt une ressemblance, une continuité : il y a
beaucoup d'humour, ou plutôt de volonté d'humour, dans
le roman actuel, et ses ratages ne sont pas fondamentalement différents, me semble-t-il, de ceux qui se produisent
dans *La petite vie.* Ils sont peut-être moins volontaires.

En 1951, justement, dans L'Action nationale*, vous écrivez
un article intitulé « Un produit rare : l'humour ». Nous n'en
sommes plus là aujourd'hui ! Que pensez-vous de la surabon-
dance d'« humour » dans le Québec actuel ?*

J'ai peut-être eu tort de parler d'humour à propos de *La*
petite vie et du roman contemporain. Si je me restreignais
à ce qu'on voit à la télévision, je parlerais plus justement
de rigolade, de farce, de dérision, peut-être de sarcasme.
L'humour, qui est un genre plus fin, et plus dangereux
peut-être pour la tranquillité d'esprit des populations,
c'est chez Yvon Deschamps qu'on le trouverait, le Deschamps des débuts surtout, celui de « L'Osstidsho », celui
qui racontait par exemple l'histoire d'une maison pour
retraités qui devenait progressivement, au fil du récit, un
camp de concentration. On riait beaucoup, mais d'un
rire qui jaunissait peu à peu... Il n'en reste plus beaucoup, de cette forme d'humour, et ce qu'on désigne de ce

nom, le plus souvent, est d'une grossièreté, d'une bêtise insupportables. Le phénomène est à rapprocher, d'ailleurs, de ce qui se passe au théâtre, où le rire intempestif est devenu une véritable épidémie. Chaque fois que j'y suis allé, ces dernières années, que la pièce soit de Botho Strauss, de Marie Laberge ou bien de Réjean Ducharme, il y avait un gros rieur qui s'éclatait à la moindre provocation et entraînait avec lui une partie de la salle. Je n'ai jamais entendu cela ailleurs. Le Québec doit jouir d'un statut vraiment particulier, sous ce rapport. Ces excès de rire témoignent, me semble-t-il, d'une peur panique devant le sérieux de l'existence, devant le tragique, sur laquelle on devrait méditer un peu.

Il vous est aussi arrivé de dire qu'il y avait aujourd'hui une attaque contre la littérature. Il me semble que vous désignez surtout par là une attaque contre la ou les valeurs littéraires.

Il me semble qu'il y a eu rupture de contrat, du contrat qui liait le discours littéraire aux autres discours de la société ; au Québec particulièrement, où on admettait facilement que la littérature ait quelque chose à dire sur la société, dans la société. Un exemple. Il y a quelques années, l'Institut québécois de recherche de la culture — dirigé, je le note, par un sociologue-philosophe qui est aussi un vrai poète — organisait un colloque pour marquer son dixième anniversaire de fondation. La plupart des communications étaient données par des sociologues ; une seule parlait de littérature, ou à partir de la littérature. Les choses se seraient passées différemment, me semble-t-il, il y a une trentaine d'années. La culture semble être devenue la propriété exclusive des sociologues, qui n'ont rien de plus pressé que d'exiler la littérature, le discours littéraire, parmi les « arts d'élite ».

Il se trouve également que les entreprises de réduction du littéraire, auxquelles s'est livrée la sociologie depuis quelques décennies, ont souvent été accueillies avec une ferveur naïve par les spécialistes de la littérature eux-mêmes. Les ravages produits par l'imitation de Pierre Bourdieu, dans nos département de lettres, n'ont pas été petits. L'œuvre littéraire, quand elle n'a pas été considérée comme une dépendance servile de l'idéologie, s'est vue privée de toute qualité propre ; elle ne devrait d'être reçue favorablement qu'à son accord avec les attentes de l'époque où elle paraît, et seul un préjugé élitiste permettrait d'attribuer au *Père Goriot* une valeur plus grande que celle de n'importe quel roman populaire de son temps. Au Québec, on dira que telle œuvre obscure du dix-neuvième siècle a autant de valeur que *Le libraire* de Bessette, parce qu'il répond aux attentes de son temps comme *Le libraire* répond à celles des années soixante. Je proteste, bien sûr. L'œuvre littéraire, je l'admets, n'existe pleinement que dans un rapport de lecture, mais il me paraît évident que les possibilités de lecture, ou de relecture, ne sont pas également réparties entre les œuvres. On ne me fera jamais croire que seules des raisons de convenance sociale font qu'on relit aujourd'hui les poèmes de Nelligan plutôt que ceux d'Isidore Bédard. Il faut être vraiment perverti par la sociologie, ou victime d'une sociologie pervertie, pour penser le contraire. Il suffit d'avoir enseigné les travaux pratiques de littérature, comme cela se fait en première année à l'université de Montréal, pour être convaincu de l'effet permanent — différent peut-être dans une certaine mesure selon les époques, mais de semblable intensité — que produisent les grandes œuvres. Je me souviens en particulier de l'effet produit sur l'ensemble de la classe par une étudiante qui avait très bien lu un extrait d'une pièce de Racine. Les étudiants étaient séduits, saisis ; et on a eu ensuite une discussion extrêmement intéressante sur la pièce. Je regrette, mais on n'aurait pas pu avoir une conversation aussi passionnante sur, disons, *Tit-Coq.*

Il n'y a pas que vos ouvrages critiques qui entretiennent un dialogue avec la tradition littéraire québécoise, il y a aussi vos œuvres de fiction. Je pense notamment à ce texte extraordinaire qu'est la « Lettre à Octave Crémazie ».

Cette entreprise répond, d'une certaine façon, à la petite étude que j'avais écrite à la fin des années cinquante sur Crémazie, et que j'ai reprise dans *Une littérature qui se fait.* Je veux dire qu'elle est suscitée par un désir semblable, celui de nouer un rapport non seulement intellectuel, mais affectif, avec une des figures les plus riches, les plus lourdes de sens, de notre culture. Les lettres d'exil, pour moi, ne s'adressaient pas uniquement, ne s'adressaient peut-être pas d'abord à l'abbé Casgrain ; c'est à nous, c'est à moi qu'elles étaient adressées, et j'ai pris le risque de répondre. Mon texte relève de ce que j'appellerais la fiction critique, qui permet d'aller là où ne pourrait aller la critique convenue. J'ai tenté la même expérience à propos de Patrice Lacombe, l'auteur de *La terre paternelle,* et là les risques étaient plus grands, parce que si les lettres de Crémazie constituent un ensemble textuel remarquable, on ne peut pas en dire autant du petit roman à thèse de Patrice Lacombe. Mais quoi, je voulais entrer en contact, aussi, avec cette sorte de pauvreté, qui fait partie de mon héritage.

Dans votre texte sur Crémazie, vous développez un paradoxe curieux. Vous dites que c'est lorsqu'il va quitter l'écriture littéraire qu'il va connaître la véritable écriture. Cela dépasse-t-il le cas de Crémazie ?

Je pense que, pour écrire, il faut passer par une certaine mort en effet et que pour Crémazie cette mort a pris la forme de l'exil, elle a pris le visage de la fin de toutes ses tentatives littéraires. On ne peut imaginer d'échec plus lamentable que le sien ; et il est souligné, *a contrario,* par la petite gloire patriotique assez ridicule — c'est ainsi qu'il la jugeait lui-même — dont l'avaient affublé ses premiers poèmes. Paradoxalement, oui, il est plus poète, plus authentiquement poète dans les lettres où il se déclare exclu de la poésie, que dans *Le drapeau de Carillon.* Un passage analogue s'est produit chez Saint-Denys Garneau, qui est devenu le grand écrivain que l'on sait au moment, justement, où il se voyait dépouillé de certaines facilités, d'une relation paisible (ou presque) avec l'écriture.

Dans votre « Lettre », ce n'est pourtant pas Saint-Denys Garneau que vous mettez en rapport avec Crémazie, mais Gaston Miron. Là-dessus j'ai une anecdote. Un jour j'ai demandé à Gaston Miron quel était le plus mauvais poète de la littérature québécoise. Il m'a répondu : Crémazie.

Il a raison, Crémazie n'est pas un bon poète. Qu'il soit le plus mauvais poète du Québec, ça j'en doute, la concurrence est féroce. Mais Gaston Miron est passé par cette poésie, cette mauvaise poésie, c'est à partir d'elle qu'il a fait ses premiers poèmes, comme il l'a raconté il y a quelques années dans une très belle conférence à l'université de Montréal. Disons, autrement : il lui fallait traverser cette mauvaise poésie pour arriver à la sienne, vivre cette pauvreté, cet échec. On fait trop facilement de Miron un trompettiste de choc. Je n'ai aucune difficulté, pour moi, à passer de la correspondance de Crémazie à plusieurs textes en prose de Miron, aux lettres très belles qu'il a écrites à Claude Haeffely par exemple.

Quand on dit que la poésie du début des années cinquante vient rompre un silence, une solitude, ne fait-on pas bon marché d'une forte antécédence de la littérature journalistique au Québec ?

Le silence dont on parle ne s'oppose pas au bavardage journalistique, il en serait plutôt un des effets ! Je suis injuste peut-être, mais écrire, pour un journaliste, et j'en sais quelque chose, n'a pas le même sens que pour un Crémazie, un Saint-Denys Garneau, un Miron. Cela dit, je n'hésite pas à donner une très grande place, dans la littérature québécoise, à ces journalistes brillants qu'ont été Arthur Buies, Jules Fournier, Olivar Asselin, André Laurendeau, d'autres... Ils valent souvent plus que certains écrivains consacrés — et consacrés uniquement parce qu'ils ont pratiqué des genres plus nobles ; et ils sont, en général, plus divertissants. Il faudrait parler aussi, en réponse à votre question, des liens très forts qui existent depuis toujours, dans notre littérature, entre le journalisme et les lettres. Je n'ai pas fait le compte, mais il se pourrait que la plupart des écrivains québécois soient passés par le journalisme avant d'écrire leurs poèmes, leurs récits, leurs essais. François-Xavier Garneau, par exemple, le grand historien, a beaucoup écrit dans les journaux de son temps, il en a fondé deux ou trois...

Le père fondateur : François-Xavier Garneau ou l'abbé Casgrain ?

Ils ne le sont pas au même titre. François-Xavier Garneau est celui qui a fait du texte, qui a fait œuvre, tandis que l'abbé Casgrain est plutôt, en tant que fondateur, du côté du commentaire, de la théorie. Il a formulé une conception de la littérature dont on peut encore retrouver quelques traces aujourd'hui, par exemple celle de la correspondance obligée entre littérature et société, ou plutôt nation. L'écrivain, le véritable écrivain, c'est Garneau, qui n'offre aucune théorie particulière de la littérature — en tant qu'historien, il serait malvenu de le faire ! —, mais la pratique avec une rigueur, une élégance et surtout une liberté admirables. Il a pris le risque de la grandeur, si je puis dire, sans verser dans la surcharge, dans l'ampoulé, comme le font trop de prosateurs de son époque. Lisez par exemple son récit du massacre de Lachine : l'impression d'horreur est produite par les moyens les plus simples, par une écriture directe, très dépouillée. La légende a fait de lui une sorte de prophète passionné, ce qu'il n'était évidemment pas.

132

*L'image même d'un Garneau romantique n'est donc pas tout
à fait fondée...*

On ne vit pas impunément au dix-neuvième siècle, on ne
lit pas Michelet sans en subir l'influence... Mais Garneau
est disciple de Michelet par les idées, quelques idées, plutôt que par l'écriture. Il lui arrive de s'exciter un peu,
mais la sobriété, la mesure reprennent vite leurs droits.

*Je me souviens d'avoir lu une discussion entre Hubert Aquin
et vous sur la place de l'amour dans la littérature québécoise.
Dans* Une littérature qui se fait *vous écrivez à propos
d'*Adorable femme des neiges *de Giguère :* « Adorable
femme des neiges *contient les premiers poèmes d'* " amour
fou ", *d'amour heureux de la littérature canadienne-française. Et c'est à Aix-en-Provence qu'ils furent écrits. On
tirera de ce fait la leçon qu'on voudra. D'aucuns parleront
de démission par rapport aux origines du poète, mais on
répondra qu'un beau poème est une réponse suffisante à toutes les accusations.* » D'où provient cette difficulté de racon-
ter un amour heureux, ancré dans le réel, adulte ?*

Je pense en effet que Giguère n'aurait pas pu écrire ici les
poèmes d'*Adorable femme des neiges,* parce que le milieu
québécois oppose une résistance certaine à l'écriture de
l'amour. J'y reviendrai tout à l'heure.

    Quant à la discussion dont vous parlez, elle a eu
lieu, en effet, dans un colloque organisé par des sociologues de l'université Laval, au début des années soixante,
sur la littérature et la société. En fait, elle a été provoquée
moins par ma propre communication — j'avais parlé de

la religion dans le roman canadien-français — que par celle de Michel Van Schendel. La conclusion de Van Schendel était assez négative : il n'y avait pas, à son avis, de grandes histoires d'amour — de ces histoires d'amour qui sont pour ainsi dire la pierre de touche de la littérature — dans nos lettres. Hubert Aquin n'avait pas contredit, au contraire, il avait renchéri en demandant pourquoi diable on étudiait une littérature aussi manifestement dénuée de substance, d'intérêt. Je résume approximativement. On ira voir les textes, ils ont été publiés.

Un diagnostic semblable a été posé par un des plus grands essayistes québécois, Jean LeMoyne, qui, en parlant des romans de Henry James, dont il avait une connaissance très savoureuse et très précise, disait qu'il ne croyait pas à la possibilité de créer ici des histoires d'amour semblables à celles de la littérature américaine ou européenne. Ce que Michel Van Schendel et Jean LeMoyne disaient dans les années soixante demeure vrai aujourd'hui. Des romans d'amour adulte, d'amour accompli, il n'en existe évidemment pas dans la littérature québécoise. Pour moi cependant, cela ne vient pas uniquement d'une sorte d'immaturité émotionnelle collective. Ce qui m'intéresse, dans cette affaire, c'est la correspondance entre thématique et forme. Si nous n'avons pas pu écrire de véritables romans d'amour, au Québec, c'est que la forme même dans laquelle pouvaient s'écrire ces histoires, celle qui est née très approximativement avec *La princesse de Clèves* et a atteint son apogée au dix-neuvième siècle, cette forme nous a échappé. Et nous ne pourrons vraisemblablement pas la rattraper, quelques efforts que nous fassions, parce que nous sommes entrés — avec enthousiasme, avec corps et bagages — dans un nouvel âge. Le roman d'amour, je le répète, c'est essentiellement le roman du dix-neuvième siècle, le roman du continu, du développement, de la maturation. Or, nous sommes déjà dans le postmoderne, ou plus précisément dans ce que Marshall McLuhan appelle l'âge électronique, qui est celui des connexions instantanées, du présent perpétuel, de la simultanéité générale. Réjean Ducharme, Jacques Godbout, Francine Noël, le Gérard Bessette de *L'incubation*...

Serait-ce lié au héros romanesque ? à sa difficulté à être vraiment problématique, au sens où l'entendait Lukács ?

Oui. Le « héros problématique » n'existe que par la grande forme romanesque dont on parlait à l'instant. Le seul personnage romanesque de notre littérature qui en soit proche se trouve dans *Bonheur d'occasion* de Gabrielle Roy. Ce n'est pas Jean Lévesque, qui abandonne allègrement l'ancien monde et se livre au nouveau sans arrière-pensée. C'est Florentine Lacasse, qui, elle, est déchirée, qui est forcée d'entrer dans le monde nouveau avec le sentiment d'une perte irrémédiable. Il est important que le « héros problématique » de *Bonheur d'occasion* soit une héroïne, que le seul « héros problématique » de notre littérature soit une femme. Cela signifie que l'idéal éminemment masculin de l'ambition, de la conquête sociale, économique, va être modifié, mis en cause. Florentine Lacasse est un personnage mutilé, que son ambition oblige à se renoncer comme amante, comme mère, comme femme enfin, femme autonome. Elle est victime des circonstances plus encore que de son ambition, et

135

contre les circonstances il n'y a que la révolte : implicite chez Florentine, flamboyante mais inconsciente d'elle-même chez Madeleine de *Poussière sur la ville...* Le roman de la femme ne peut pas être celui de Lukács.

Les vingt dernières années — au Québec et ailleurs — ont vu l'avènement d'une littérature féministe.

L'expression « littérature féministe » m'embête. Parler de littérature féministe n'a pas plus de sens que de parler de littérature socialiste, de littérature communiste, de littérature catholique. Bon, le féminisme, en tant qu'idéologie, a droit de cité. Mais il arrive à cette idéologie, dans le roman, ce qui arrive à toutes les idéologies : elles tournent, comme le lait. Le féminisme, en tant que tel, n'a pas produit de grands effets en littérature. Il faut d'ailleurs remarquer qu'au Québec, contrairement à ce qui s'est passé en France, les femmes jouent depuis longtemps, dans la production littéraire, un rôle capital. Les rôles ont été distribués avec une équité particulièrement évidente parmi ceux que j'appellerais les classiques de la modernité québécoise : en poésie, Rina Lasnier et Anne Hébert d'un côté, Alain Grandbois et Saint-Denys Garneau de l'autre ; dans le roman, Germaine Guèvremont et Gabrielle Roy d'un côté, Ringuet et Roger Lemelin de l'autre. Qui dit mieux ? Si l'on pense à la littérature plus récente, on y rencontre beaucoup d'œuvres féminines qui sont absolument incontournables. Je ne suis pas sûr qu'on les doive au féminisme.

Chez certaines romancières des années soixante-dix et quatre-vingt, on trouve — quelquefois sous les ostentations de la recherche formelle et langagière — un sujet qui s'aventure problématiquement dans le monde, qui y commence une quête destinée à demeurer incomplète. Je pense à Francine Noël par exemple.

Je cherche en vain la quête, l'ambition dans les romans de Francine Noël. On rêve d'épanouissement personnel, plutôt que de réussite, de réussite sociale. C'est très différent. Et puis ces anges, ces démons qui se promènent dans le récit, ça ne fait pas très sérieux, Lukács n'aurait pas apprécié, je pense. Pour trouver un peu d'ambition dans le roman récent, il faut aller du côté des garçons, du *Matou* d'Yves Beauchemin. Mais le héros de ce roman est un ambitieux si simple, si naïf qu'il en devient exactement le contraire. Et une binerie ne fait pas un Graal très convaincant...

Le roman à l'imparfait est l'un des essais les plus importants qui soient sur la littérature québécoise. Vous avez déjà dit qu'il avait été mal compris par la critique. Où était le malentendu ?

Il y a eu deux malentendus, d'ailleurs assez étroitement liés l'un à l'autre. On m'a attribué d'abord une certaine nostalgie du roman non imparfait, c'est-à-dire le roman tel qu'il s'est défini principalement au dix-neuvième siècle. Cette nostalgie existe sans doute chez moi dans une certaine mesure, et une mesure d'autant plus légitime, me semble-t-il, que ce roman « parfait », ce roman du « grand réalisme », n'a eu qu'une existence très brève dans notre littérature, durant les années trente et quarante, et qu'il est disparu sans laisser de traces importantes. Au Canada anglais, je le note en passant, les choses se sont passées de façon différente, et un roman comme celui de Mordecai Richler par exemple, *Solomon Gursky Was Here*, conserve des éléments essentiels du réalisme tout en se livrant à des aventures formelles très libres. Je parle donc dans un certain sens, oui, d'un manque, d'une privation. Mais, comme à quelque chose parfois malheur est bon, c'est ce manque, ce peu d'attachement aux valeurs traditionnelles du roman, qui a favorisé l'éclosion romanesque des années soixante dans notre littérature.

D'autre part, on a conclu que, le roman à l'imparfait étant, par définition, moins parfait que le roman parfait, le roman de forme dix-neuvième siècle, je portais un jugement négatif sur les nouvelles formes romanesques. Il n'en est rien : le roman à l'imparfait n'est pas inférieur à l'autre, il est différent. *L'avalée des avalés* — je reviens toujours à cet exemple, mais je pourrais en citer plusieurs autres — est formellement un roman à l'imparfait, pour des raisons qu'il serait trop long d'exposer ici, mais c'est aussi un des romans les plus parfaits, les plus accomplis qu'on ait jamais écrits au Québec.

Je concède que mon titre était assez rusé, qu'il appelait les malentendus. J'ai été comblé. Dans un colloque auquel j'ai participé il y a quelques années, une critique féministe affirmait que les femmes, elles, allaient faire le roman « parfait » dont j'avais déploré l'absence dans mon ouvrage. Je me suis tu.

André Belleau a écrit, peu après le référendum de 1980, que quiconque aurait relu Le roman à l'imparfait *peu avant ce*

référendum aurait pu prévoir la défaite du oui. Deux ques-
tions : comment comprenez-vous cette affirmation ? est-ce
que vraiment l'analyse de la littérature permet d'exercer ce
talent de préfigurateur ?

Cette phrase, à l'époque, m'avait complètement sidéré ;
aujourd'hui encore, elle me laisse perplexe. Je ne me sens
pas l'âme et les pouvoirs d'un prophète, et je ne crois pas
que la littérature soit une tireuse de cartes. Mais enfin,
j'ai pensé un peu depuis lors à la phrase d'André Belleau,
et j'ai essayé de lui trouver un sens — qui ne coïncide
peut-être pas d'ailleurs avec celui que lui-même lui donnait.

    Le roman à l'imparfait s'écarte formellement du
roman réaliste, c'est-à-dire du roman historique (au sens
large), du roman qui déroule son action, son intrigue de
façon linéaire. Or, une des idées forces de la révolution
tranquille, qui allait nourrir le projet souverainiste, était
celle-ci : nous allons enfin entrer dans l'histoire, après
avoir vécu longtemps, depuis la conquête en fait, dans
une sorte de couvent, hors du temps, de l'histoire. Nous
allons nous donner un État, nous allons nous donner
beaucoup de fonctionnaires — étonnante, soit dit en passant, cette importance accordée aux fonctionnaires —,
nous allons maîtriser notre destin, nous allons agir collec-
tivement enfin. Or, par sa forme même, le roman semble
récuser, mettre en question cette forme historique du
récit. Les choses se passent comme s'il disait à l'idéologie : attention, vous entrez dans une aventure qui ne
pourra peut-être pas aboutir, parce qu'elle s'inscrit dans
une forme que la fiction révèle comme datée, dépassée.

André Belleau aurait-il accepté une telle lecture ?
Est-ce que je la lui ai proposée ? Je ne me souviens pas
bien. Il faut dire que nos discussions sur la question
nationale étaient toujours un peu délicates…

J'imagine, oui. Ne peut-on dire, plus largement, que votre
essai dit que les grands récits de légitimation (comme on les
appellera plus tard) reposent sur une forme d'utilisation du
langage qui est caduque, qui n'est plus crédible ?

Le mot « légitimation » me fait tiquer. Vous savez la résistance que j'oppose à l'ouvrage de Charles Grivel, *Pro-*
duction de l'intérêt romanesque, où il soutient que le
roman réaliste n'a servi, au fond, qu'à conforter les structures d'oppression (je parle gros) du dix-neuvième siècle.
D'une part, oui, le roman reproduit, dans sa forme
même, l'idéologie dominante de son temps, il ne peut éviter de le faire, et dans ce sens on peut parler d'une « légitimation » ; mais en même temps, contradictoirement, il
la tourne, il la défait, c'est par là qu'il est littérature, qu'il
fait la besogne de la littérature. Pour en revenir à la « légitimation » dont parlera Lyotard, c'est une idée intéressante
mais un peu rapidement esquissée, me semble-t-il, et on
peut se demander si le nouveau récit, plutôt que de
« délégitimer », ne légitime pas d'une autre façon.

Vous avez fait allusion tout à l'heure à la littérature cana-
dienne-anglaise et à sa tradition spécifique. Compte tenu de
vos positions politiques, on est étonné de voir qu'il n'y a pas
beaucoup d'études ou d'articles comparatistes dans vos publi-
cations. Les deux solitudes s'étendent jusque-là ?

Les circonstances, là comme ailleurs, ont joué le rôle dominant. On ne peut pas tout faire, tout lire. Peut-être, aussi, me suis-je refusé à une forme assez déplorable de comparatisme, entre les littératures anglaise et française du Canada, qui — sous l'influence d'une sorte de patriotisme *coast to coast* — faisait dire des choses aussi intéressantes que celles-ci : voyez, on parle de la forêt chez tel poète de Kelowna, presque de la même façon que chez Félix-Antoine Savard, c'est intéressant, il y a donc une culture canadienne qui transcende les domaines linguistiques... Moi, quand je lis Margaret Atwood, Mordecai Richler, Robertson Davies, Northrop Frye, Timothy Findley, Alice Munro, d'autres, je suis surtout frappé par les différences, j'explore un domaine littéraire très différent du mien, du francophone... J'aime les différences. Je suis heureux qu'il y ait plusieurs Montréal, que celui de Richler soit très différent de celui de Hugh MacLennan, de Réjean Ducharme, de Francine Noël, de...

Seriez-vous pour une dénationalisation plus large des corpus, comme Gusdorf le fait par exemple avec le romantisme ?

Je n'ai pas lu Gusdorf, et je ne sais pas ce que vous entendez au juste par la dénationalisation des corpus. Déjà, l'idée de littérature européenne proposée par Goethe ne me paraissait pas claire. Il y a les langues, les littératures de langues diverses, les traditions qu'elles transportent et dont elles sont tributaires... Je crains la mise à plat, l'abolition des différences, la réduction de la littérature à quelques idées générales. Cela dit, je me souviens de Northrop Frye disant qu'il était insensé —

141

c'était le mot qu'il employait, si je me souviens bien — de n'étudier que la littérature d'une seule langue. Parmi les reproches que je me fais, et ils sont assez nombreux, il y a celui de ne pas avoir suffisamment fréquenté, au premier chef, les littératures de langue anglaise. Mais c'est, aussi bien, que je me connaissais des déficits terribles du côté français ! On reprochait à Robert Stanfield, un des hommes politiques les plus sympathiques du Canada, de ne pas être *fluent* en français, de ne pas le parler couramment. Il répondait : « *I'm not fluent in English either.* » Mes ignorances, à moi, sont à peine moins considérables en français qu'en anglais.

Vous avez lu les écrivains canadiens-anglais assez tôt, non ?

J'ai commencé au cours des années cinquante, mais je n'ai jamais consenti l'effort de parcourir tout le domaine, je n'ai fait que des lectures d'occasion. C'est l'occasion — la commande si vous voulez, l'invitation — qui fait le larron, et les occasions n'ont pas été nombreuses. Il me semble, toutefois, que je n'ai jamais été victime du préjugé assez largement répandu, qui veut que la littérature canadienne-anglaise soit moins vivante que la nôtre, qu'elle soit une copie un peu anémique de l'américaine. Ravalons un peu de notre morgue : les auteurs canadiens les plus célébrés à Paris, depuis quelques années, ne sont pas ceux qui viennent du Québec, les francophones, mais les Ondaatje, les Findley, enfin ceux que j'ai nommés tout à l'heure. C'est drôle : en littérature, nous avons longtemps conservé la perspective messianique de monseigneur Pâquet, qui attribuait à la nation canadienne-française la mission de maintenir les valeurs spirituelles et donc littéraires dans une Amérique atrocement matéria-liste, englobant le Canada anglais. Nous commençons tout juste à sortir de cette grande illusion.

Troisième partie

LES LIEUX D'OÙ L'ON PARLE

Pierre Popovic : *Lors du référendum de 1980, on vous a présenté dans* La Presse *comme le parangon des intellectuels « pour » le fédéralisme. Or, toute votre œuvre critique lutte pour dégager la littérature et la critique de l'idéologie. N'y a-t-il pas là une contradiction ?*

Gilles Marcotte : Je dois dire d'abord que le journaliste de *La Presse* n'était pas venu m'interroger sur le référendum, sur la réponse que je donnerais à la question. Il m'interrogeait comme critique, pour que je parle des opinions politiques des écrivains. J'ai cru honnête de lui dire que je n'étais pas tout à fait neutre dans cette histoire, que j'allais voter non. Le journaliste a été étonné ; il n'avait encore jamais rencontré un écrivain qui s'apprêtait à voter non. Il a décidé de faire l'article là-dessus, sur moi, sur ma position personnelle. L'article a paru quelques jours avant le référendum, avec une grande photo, et il a fait un peu de bruit.

Maintenant, votre question. La littérature, oui, est bien autonome à l'égard de l'idéologique, comme je ne cesse de le dire ; mais le critique, l'intellectuel, c'est autre chose, il travaille lui dans l'idéologique, il ne peut pas éviter d'entrer dans le concert des discours. Il est évident que mes petits travaux, en critique littéraire, sont commandés par un ensemble de convictions qui relèvent de l'idéologique — le mot idéologie n'ayant pas, dans mon vocabulaire, des connotations essentiellement négatives. J'ai été généralement assez discret, à cet égard. Depuis quelques années, je le suis moins. Quand les situations deviennent tendues, je pense qu'il est nécessaire de dire ses convictions, sa position, son lieu. Je viens de lire un très bel essai de Rémi Brague, *Europe, la voie romaine*, où l'auteur ajoute deux pages, à la fin, pour préciser qu'il est catholique, et qu'à cause de cela il a peut-être été injuste à l'égard du protestantisme, par exemple. Il ne dit pas : ce que je viens de vous dire est faux, doit être faux parce que j'occupe telle position dans le champ idéologique. Il dit au lecteur : pour me lire, pour me comprendre, il est peut-être utile de savoir qui je suis, d'où je viens.

Voilà qui n'est pas sans rappeler « l'homme en situation » cher à Sartre...

En effet, mais Sartre insiste tellement, il pousse les choses si loin que le romancier lui-même, en tant que romancier, est sommé de s'engager. Je ne vais pas jusque-là. En fait, je vais ailleurs.

Au début des années cinquante, avec André Laurendeau et, moindrement, avec Rex Desmarchais, vous avez un débat public sur une question qui est à l'ordre du jour : l'américa-

148

nisation. Votre position est celle du « ni, ni » : ni français, ni américain.

Je dirais plutôt, aujourd'hui, « et, et ». Mais je maintiendrais la dualité, et j'en ajouterais. Le Québécois est composite, et ce n'est pas là un défaut, une déficience, un malheur. Il est, bon, québécois francophone — c'est de lui, plus précisément, que je parlais —, il est aussi canadien, je le soutiens contre vents et marées, il est américain au sens large, parce qu'il habite le continent depuis assez longtemps ma foi, et au sens plus précis, au sens états-unien, parce qu'il subit fortement l'influence de ceux que nous appelons gentiment nos voisins du sud.

Vous venez de dire « québécois », « canadien », « américain ». Mais que signifient ces mots pour vous ? À quelle dimension de la réalité les rattachez-vous ?

Pour le Canada, je parlerais d'abord des institutions, qui ne modèlent pas seulement les comportements extérieurs, mais aussi bien les façons de penser, voire de sentir. Notre régime judiciaire, nos institutions parlementaires, le fédéralisme, tout cela nous a marqués profondément — il resterait à dire de quelle façon, et je regrette que ce grand travail n'ait pas été seulement amorcé —, et nous distingue très nettement des Américains. Il suffisait de regarder pendant quelques minutes le procès O. J. Simpson, à la télévision, pour comprendre que cela se passait dans un pays très différent du nôtre. En ce sens, nous demeurerions canadiens même si le Québec se séparait de la confédération.

Quant au Québec — français de souche, il ne faut jamais oublier de rappeler cette restriction —, il constitue surtout une communauté mémorielle. Je préfère l'adjectif « mémoriel » à l'adjectif « national », parce qu'il ne fige pas les choses : la mémoire est toujours en mouvement, elle est mouvement. Il y a, dans cette communauté, des choses que j'aime et d'autres que j'aime moins, mais je lui appartiens indiscutablement, ce qui fait que je m'entends instinctivement, à demi-mot, avec ceux qui en font également partie, du moins sur un grand nombre de sujets. Dans certains milieux, actuellement, on fait bon marché de cette communauté mémorielle, au nom d'une conception abstraite de la citoyenneté. Eh bien, c'est un peu trop... abstrait à mon goût.

Les États-Unis, enfin, tout à côté, c'est à la fois une culture populaire dont je suis imprégné depuis mon enfance, le cinéma, la musique populaire, plus récemment la télévision, et d'autre part une culture politique — j'y faisais allusion tout à l'heure — qui m'est tout à fait étrangère. À Sherbrooke, quand j'avais une douzaine d'années, nous recevions parfois la visite de cousins établis là-bas : ils suscitaient chez nous un peu d'envie et un peu de crainte, une possibilité culturelle ambiguë... Cette ambiguïté, je la retrouve quand je vais, une fois par année environ, dans le Maine, qui est pour moi un des lieux éminents de la douceur de vivre. Mais je n'y vivrais pas. J'aime peut-être d'autant mieux les États-Unis que je n'y vis pas. Il y a dans ce pays un complexe de supériorité que je supporte difficilement. Les États-Unis, aujourd'hui, c'est l'empire, une sorte d'impérialisme, culturel peut-être encore plus que militaire et politique, et devant tout empire je me défile, je m'en vais.

Ai-je besoin d'ajouter que par la langue, la littérature, beaucoup d'images et d'émotions, je me sens souvent profondément français ?

Depuis quarante ans l'Amérique a beaucoup changé. En quel sens ?

Oui, l'Amérique a changé, elle est devenue, disons, plus problématique. Elle n'est plus le bouquet de quelques idées simples qu'elle était pour moi, en tout cas, dans ma très ignorante jeunesse. L'âge venant, et quelques lectures, elle est devenue à mes yeux une source culturelle indispensable. Sommes-nous encore, nous pauvres petits francophones du Canada, menacés par l'américanisation ? Sur ce sujet extrêmement complexe, je pourrais facilement dire beaucoup de banalités, comme tout le monde. Qu'est-ce que c'est, l'américanisation ? Comment devient-on américanisé ? Par le rock'n'roll ? Par les hamburgers de McDonald ? Par la lecture du magazine *Time* ? Je dirais qu'à mon avis nous résistons très bien, mieux que jamais, à l'américanisation, si ce verbe, le verbe résister, n'évoquait une idée guerrière qui ne correspond pas à ce que je pense. Résister, vouloir résister à l'américanisation, c'est perdre à coup sûr. Ce qui est important, pour nous comme pour toutes les communautés culturelles, c'est de comprendre, multiplier les recours, échapper à cette forme de pensée globale dont parlait mon maître le père Gagnon, une pensée qui fabrique de grosses identités où l'on ne peut plus rien distinguer justement que l'identité même...

151

Le nationalisme est votre ennemi intime numéro un. Il est cependant difficile de ne pas en parler vu la place qu'il a prise — qu'on le veuille ou non — dans l'histoire du Québec contemporain. J'aimerais que vous précisiez votre pensée sur ce sujet en reparcourant, si vous le voulez bien, les différents moments de ce nationalisme depuis le début de votre carrière. Au moment où vous entamez celle-ci, Lionel Groulx en est encore le phare. Il n'était guère prisé à Cité libre *?*

Permettez, avant de m'aventurer dans ce champ de bataille miné qu'est le nationalisme, que je me donne une petite définition. Elle se trouve là, sur mon bureau, parce que j'y reviens toujours. Elle vient d'un livre de Fernand Dumont, *Chantiers* : « Le nationalisme est une des formes spécifiques de la conscience nationale : il suppose une construction idéologique où, parmi les facteurs divers susceptibles de désigner une société globale, le point de vue national est déterminant. » Notez bien, je vous prie, les derniers mots : « le point de vue national est déterminant ». Il me paraît difficile, à partir d'une telle définition, de soutenir que les choses les plus intéressantes, dans le Québec contemporain, n'auraient pas pu se faire sans le nationalisme. La réforme de l'éducation, la mise en place des rouages d'un État moderne, la nationalisation de l'hydro-électricité (l'Ontario en a fait autant), en somme l'ensemble des réformes accomplies au Québec depuis le début des années soixante ont peu à voir avec cette prévalence du point de vue national qu'implique le nationalisme. Il est possible d'aimer profondément le Québec, de faire des choses au Québec, pour le Québec, sans être nationaliste. Et l'on est en droit de penser que toutes ces réformes, y compris les premières lois linguistiques, sont venues pour l'essentiel de la hausse du niveau de scolarisation qui s'est produite depuis la fin de la guerre, et que par contre le nationalisme — il existait, bien sûr — est responsable de beaucoup d'excès, beaucoup de déformations. Le nationalisme pense global, il surestime les puissances de l'identité, il mythifie. Je pense au mythe de la Manic, qui a fait croire que nous avions tout fait tout seuls, alors que, bien entendu, certaines tâches particulièrement délicates avaient été confiées à des compagnies américaines. Je pense à la place démesurée qu'on a accordée, dans plusieurs institutions, à la littérature québécoise, qui a supplanté la française. Et cetera...

Selon une thèse très répandue au Québec depuis la révolution tranquille, le nationalisme contemporain serait fondamentalement différent du nationalisme traditionnel, celui de Lionel Groulx entre autres. Je l'ai cru, pendant quelques années. Je le crois moins aujourd'hui. Il est bien vrai qu'au contraire de ce qui se passait il y a un demi-siècle, on ne lie plus, au Québec, nation et religion, on ne parle plus de la langue gardienne de la foi et vice versa. Mais c'est que la langue elle-même est devenue une foi, une foi presque aveugle, férocement doctrinaire, vouée à la *défense* plutôt qu'à l'*illustration,* féconde en interdits de toutes sortes.

Quand je suis arrivé à Montréal, à la fin des années quarante, le nationalisme commençait à régresser, et l'on ne parlait guère du chanoine lui-même. Quand il a publié, en 1953, sa grande *Histoire du Canada français,* j'en ai fait dans *Le Devoir* une critique assez favorable, en

153

réaction contre mon… anti-nationalisme ! L'ouvrage était bien écrit et, ma foi, le nationalisme y montrait à peine le bout de son nez. Une dizaine d'années plus tard, j'aiderai à la préparation d'un film sur Lionel Groulx, au très fédéral ONF, un film réalisé par Pierre Patry. C'est que, durant cette période, le nationalisme se trouvait dans un tel état de discrédit qu'il me semblait normal, utile, d'examiner d'un œil serein la carrière et l'œuvre de celui qui avait tout de même marqué profondément l'histoire du Canada français. À l'université de Montréal, les successeurs de Groulx, Maurice Séguin, Michel Brunet, voués au nationalisme pessimiste, s'éloignaient de lui. La jeunesse ne répondait plus à ses appels ; elle se reconnaissait plus volontiers dans la pensée de *Cité libre,* peu tendre à l'égard de l'héritage nationaliste. La révolution tranquille se prépare à l'écart du nationalisme, et la pensée de Groulx n'y a aucune part.

Comment expliquez-vous le « retour » de Groulx dans les années soixante ?

Est-il vraiment revenu ? Je ne crois pas qu'on l'ait lu ou relu, que le détail de ses idées ait été retenu — par exemple, ce qu'il pensait du travail des femmes, des Juifs, de la tradition religieuse du Canada français. Le Groulx qui est revenu au début des années soixante, c'est uniquement, me semble-t-il, le porte-flambeau du nationalisme, celui qui avait déclaré : « Notre État français, nous l'aurons ! » En ce sens limité, oui, même les méchants garçons de *Parti pris* héritent de Groulx, malgré leurs petites excursions du côté du marxisme révolutionnaire et de la psychanalyse sociale, leurs appels à la violence... Mais ils ont lu Frantz Fanon plus que Lionel Groulx.

Il y a une autre invention du « peuple » à Parti pris. *La revue y mêle l'idée que la société est composée de groupes sociaux rivaux, en opposition, autrement dit : l'idée marxiste de lutte des classes, non ?*

La lutte des classes ? Non, quand même... La classe ouvrière, je ne vois pas comment les gens de *Parti pris* l'auraient connue. Ceux de *Cité libre,* qui avaient œuvré dans le syndicalisme, qui avaient participé à quelques grèves, en étaient sans doute plus proches. Mais le « peuple », oui, à la condition de mettre le mot entre guillemets. Dans un de ses derniers numéros, *Parti pris* s'intéressera au Crédit social, et l'on peut penser, avec un brin de méchanceté, qu'il a peut-être trouvé là sa pierre de touche sociale, qui est le populisme.

En fait, la véritable force de *Parti pris* ne réside ni dans le marxisme, ni dans le populisme, ni même dans le nationalisme. Elle tient à ce qu'il a reproduit et porté à une certaine violence stylistique les sentiments confus de révolte, d'insatisfaction qui agitaient la jeunesse de l'époque. Il a joué, pour ainsi dire, un rôle de fixatif. Quand je discute aujourd'hui politique avec des personnes qui étaient aux études secondaires à l'époque de *Parti pris,* je suis encore frappé par la façon dont ils ont été marqués par la revue, les impressions très fortes qu'ils en ont reçues.

Ils ont aussi eu à vivre avec une contradiction délicate :
entre le penchant pour la littérature de plusieurs d'entre eux
(Chamberland, Brochu) et le sentiment (ou la conviction)
que la littérature était l'expression de la classe bourgeoise.

Oh ! vous savez, la classe bourgeoise... Mais oui, il y avait
bien à *Parti pris,* selon ce qu'on m'a raconté, deux groupes : celui des sociaux (qui étaient en même temps nationalistes) et celui des littéraires (avant tout nationalistes,
mais rêvant aussi d'un Québec socialiste). Il est assez évident que le dilettantisme n'était pas de mise à *Parti pris,*
et que les littéraires, notamment Paul Chamberland et
André Brochu, ont voulu faire de la littérature québécoise,
de leur travail critique sur la littérature québécoise, un
véritable combat. Ils ont un peu joué sur les périodes, sur
les mots : la littérature canadienne-française était bourgeoise, la québécoise ne pouvait, ne devait pas l'être...

Est-ce que le recours au joual n'a pas été leur façon de résou-
dre cette contradiction ?

Il s'agissait moins, me semble-t-il, de sortir la littérature
de la classe bourgeoise, que de la remettre en contact
avec une langue vivante, populaire si l'on veut mais avant
tout mobile, offensante parfois, incorrecte avec délices,
qui pouvait s'accommoder parfaitement de la condition
bourgeoise. Permettez que je néglige la théorie partipriste,
à ce sujet, qui faisait du « joual » une arme de la révolution. Cela ne m'a jamais paru très sérieux. En pratique,
on peut distinguer dans la production associée plus ou
moins directement à *Parti pris* deux sortes de *joual :*
celui, sérieux, un peu appliqué, conscient de sa qualité

prétendue de prolétaire, qu'on lit dans *La ville inhumaine* de Girouard, *Le cassé* de Jacques Renaud, *La chair de poule* d'André Major ; et celui, plus ludique, fertile en inventions de toutes sortes, qu'on lit dans le premier roman d'André Brochu, *Adéodat*, et dans *Les cantouques* de Gérald Godin. *Les cantouques* sont la grande réussite du *joual*, la rencontre parfaitement heureuse des mots les plus authentiques du *joual* québécois et d'expressions venues du vieux fonds de la poésie française, celle de Rutebeuf en particulier. Ce n'est pas une poésie facile, facile à comprendre, et j'ai souvenir d'avoir entendu Eugène Guillevic, un des grands poètes français de l'époque, pester contre ces textes dont le sens lui échappait presque entièrement. Pour les lecteurs québécois non plus, ce n'est pas facile à lire, et ça le deviendra peut-être encore moins avec le temps. Nul doute que des universitaires subventionnés en feront une édition critique, le temps venu...

Octobre 1970 est un moment critique de l'histoire québécoise et canadienne récente : terrorisme, enlèvements, assassinat d'un homme que vous aviez connu personnellement au Devoir, loi des mesures de guerre, occupation militaire, emprisonnement temporaire de nombreux intellectuels, écrivains et artistes, etc. Vous dites souvent que le Québec a gardé l'esprit et les réflexes du village. Comment s'est faite la rencontre de la logique du terrorisme et de l'esprit du village ?

Il ne m'est pas facile de parler de la crise d'octobre. Elle m'inspire des sentiments très forts, qui ne sont pas ceux de la majorité, semble-t-il. Je n'étais pas à Montréal à l'époque où elle s'est produite ; j'enseignais la littérature québécoise à de rares étudiants strasbourgeois, et les nouvelles me parvenaient par le truchement de la base de l'armée canadienne à Lahr, en Allemagne. C'est en me rendant à Bruxelles, dans un petit village de Belgique, que j'ai appris l'enlèvement de Pierre Laporte. Oui, comme vous le rappelez, je l'avais assez bien connu, j'avais travaillé pendant quelques années avec lui au *Devoir.* Nous n'étions pas très amis, mais quand j'ai appris son enlèvement — et plus tard son assassinat —, cela m'a donné un coup. Pierre Laporte n'était pas pour moi un symbole, c'était un homme en chair et en os que j'avais connu personnellement. Je suis allé voir le film de Falardeau, *Octobre,* je m'en suis fait un devoir. Le Pierre Laporte que j'ai vu dans le film était bien le Pierre Laporte que j'avais connu, et j'ai revécu le scandale profond que j'avais éprouvé, à l'époque, devant la torture — la détention dans de telles circonstances, c'est vraiment de la torture — infligée à un homme dont le seul crime était d'être ministre. Je n'oublie pas le diplomate James Cross. Je n'oublie pas non plus que de nombreuses personnes innocentes, dont Gaston Miron et Gérald Godin, ont été emprisonnées injustement en vertu de la loi des mesures de guerre.

La crise d'octobre s'est passée, oui, entre nous, dans notre village, presque en famille. Des Canadiens anglais sont intervenus, le Nouveau Parti démocratique s'est agité, mais pour l'essentiel il est évident que la crise d'octobre a été une crise villageoise, la crise d'un village où presque tout le monde se connaissait personnellement. Pierre Elliott Trudeau, Gaston Miron, Pierre Laporte,

Gérard Pelletier, Jean Marchand, Gérald Godin, enfin la plupart des figures clés de la crise étaient les uns pour les autres presque des familiers, ils se tutoyaient. Les terroristes étaient des jeunes gens bien de chez nous, des nôtres, de braves garçons qui avaient *un peu exagéré*. Rien à voir avec les furieux de la bande à Baader. On les a assez rapidement réintégrés dans la société, on a réédité récemment le Manifeste du FLQ, ma foi *est-ce qu'ils n'avaient pas un peu raison ?* (Je n'en pense rien.) Nous en sommes encore là, je pense, nous sommes encore au village.

N'avez-vous pas l'impression que la loi des mesures de guerre a donné sa dimension mythologique à octobre, peut-être plus que les événements eux-mêmes ?

Le mouvement nationaliste avait plus d'intérêt à faire de cette loi le véritable scandale, la véritable action terroriste, qu'à parler de l'enlèvement de Cross et Laporte. La loi des mesures de guerre a été mise en application par le gouvernement fédéral, qui est rapidement devenu le pelé et le galeux de l'affaire. *Delenda est Ottawa...* L'appel de Bourassa à Ottawa, les déclarations du maire de Montréal, Jean Drapeau, tout cela est disparu dans le brouillard. Le méchant, c'était Trudeau ; pour un peu, on l'accusait d'être personnellement responsable de la mort de Pierre Laporte. Le scénario était bien agencé.

J'ai entendu Pelletier, à une émission animée par Lise Payette, justifier l'application de la loi (emprisonnements temporaires et préventifs, suspension de diverses libertés fondamentales, etc.) en recourant à une phrase de Mounier, di-

159

sant grosso modo ceci : il faut que l'on puisse, dans certaines circonstances, interdire un certain nombre de libertés dans l'intérêt du peuple. La légèreté de cette explication m'a étonné.

Votre étonnement m'étonne. Un gouvernement démocratique n'a-t-il pas le droit et le devoir, dans des circonstances où sa propre légitimité est mise en cause par des forces non démocratiques, de suspendre temporairement des libertés civiles pour se défendre ? Trudeau était marqué — obsédé, diront ses ennemis — par la façon dont la république de Weimar s'était laissée détruire par les nazis. Dans ma phrase de tout à l'heure, le mot clé était certainement l'adverbe « temporairement ». La loi des mesures de guerre n'a été appliquée, en fait, que d'une façon temporaire. La profondeur des convictions démocratiques d'un Trudeau et d'un Pelletier n'a jamais fait pour moi aucun doute.

Le « Vive le Québec libre » de Charles de Gaulle... Spontané ou préparé ?

De Gaulle, j'en suis convaincu, avait soigneusement préparé son coup. Il n'était pas l'homme des lapsus... Voulait-il, par là, embêter les Américains ? Prônait-il vraiment l'indépendance du Québec, ou ne souhaitait-il qu'un accroissement d'autonomie ? Il y a des zones d'ombre, bien sûr. Mais non, le « Québec libre » ne lui a pas échappé dans un mouvement d'émotion !

Le mot « libre », dans cette expression, ne rejoignait-il pas un très large fonds idéologique que l'on retrouve un peu par-

tout dans l'espace imaginaire québécois depuis les années quarante : libre du passé, libre d'être soi, libre d'un pouvoir trop lointain...

Il me semble que vous accordez au Général — et à ses conseillers — une connaissance exagérément détaillée, profonde, de l'histoire intérieure du Québec. « Québec libre », ça ne veut pas dire plus de liberté au Québec, dans le Québec, à l'intérieur du Québec ; ça veut dire un Québec libéré — dans quelle mesure, jusqu'à quel point ? — des contraintes extérieures, en l'occurrence et principalement celles qu'exercerait le gouvernement central, Ottawa.

Oui, mais comment expliquer que la phrase ait eu un tel retentissement ? Ne touche-t-elle pas un discours commun qui est celui — pour dire vite — de la résistance et de la libération ?

La résistance à quoi ? La libération de quoi ? Ce n'est pas tout à fait clair, si l'on se reporte à l'atmosphère qui régnait durant l'année de l'Expo. Il me semble que l'incident a eu, avant tout, l'allure d'une fête, comme l'Expo était une fête. Et l'on n'a pas besoin de raisons très précises pour fêter... Il y avait cette grande foule devant l'hôtel de ville, un balcon, un général français qui avait grande allure, un personnage vraiment historique, qui venait d'arriver à Montréal après avoir parcouru le Chemin du Roy — ah ! la nostalgie royaliste... —, et qui, en lançant son « Vive le Québec libre » à la barbe des autorités locales, Ottawa bien sûr, mais aussi, ne l'oublions pas, Daniel Johnson lui-même et le maire Drapeau, créait quelque chose comme l'équivalent d'un feu d'artifice. Moi, je n'ai pas été très touché en regardant la chose à la télévision, j'aurais préféré la Garde républicaine jouant *Sambre et Meuse*. Mais je me souviens de l'ami, fonctionnaire à l'Office national du film, qui me téléphonait la voix pleine d'une tremblante émotion... La phrase a eu également du retentissement en France et dans quelques autres colonies, parce qu'elle jetait un petit pavé dans la mare des relations et des susceptibilités internationales. Ici, après la fête, elle a surtout servi à exacerber nos contradictions internes.

Ces « contradictions internes » ne sont-elles pas aussi ce qui rend le discours social québécois vivant, animé, dynamique ?

À vrai dire, le discours social québécois me paraît plutôt répétitif, depuis une vingtaine d'années. On est indépendantiste ou on ne l'est pas, avec des nuances de gris de part et d'autre. Quand je discute avec des amis qui ne sont pas du même bord que moi — vous savez lequel —, j'ai l'impression que nous ne faisons qu'échanger des sentiments, des émotions, et que celles-ci nous empêchent de rejoindre l'arène des idées politiques, culturelles ou sociales. Ça m'embête, vous savez, de présenter une vue aussi négative des choses, je n'ai pas une nature défaitiste, mais les contradictions spectaculaires dont vous parlez, j'ai beaucoup de difficulté à les percevoir, je vois plutôt un magma où justement les contraires semblent coexister avec une bonne conscience béate, comme dans la phrase de Deschamps sur le Québec indépendant dans un Canada uni — je ne suis pas sûr de donner le texte exact...

Il n'est pas impossible que le référendum de 1980 ait été l'illustration de ce que vous venez de dire. Un tel genre de consultation publique s'accompagne toujours de beaucoup d'émotions. Une société qui se confronte à des choix comme celui-là — et à plusieurs reprises — en sort forcément pleine de plaies et de bosses, non ?

Des plaies et des bosses, cela donne du relief, ça ressemble un peu à la vie. Ce que nous risquons de vivre ces temps-ci, c'est à mon avis quelque chose de plat au contraire, d'étale, une espèce d'affaissement, de désordre spongieux qui n'est pas très favorable à la vie en société, et tout particulièrement à la vie intellectuelle. Quoi qu'il arrive au prochain référendum — il y en aura un, on nous l'assure, on fera des référendums jusqu'à ce que le « oui » l'emporte —, si c'est un « oui » je pense qu'aucune des ambiguïtés dans lesquelles nous vivons ne sera dissipée, et si c'est un « non », eh bien… nous continuerons à nager dans les mêmes discussions. Nous jouons à qui perd perd, dans cette affaire.

Ce n'est pas enthousiasmant.

Non. Mais on a l'habitude, au Québec. Depuis cent ans on n'arrête pas de refaire la bataille des plaines d'Abraham ou la rébellion de 1837. Ça fait toile de fond, une toile de fond sur laquelle se détachent tout de même d'autres questions, des débats plus substantiels. Je ne crois pas qu'il soit très intéressant, à l'heure actuelle, de parler du Québec en tant que tel, globalement, comme si *la question du Québec* précédait, subsumait toutes les autres. Il y a beaucoup d'autres choses à penser. Le filet de sécurité sociale par exemple. L'éducation. La vie (je ne dis pas la défense) de la langue française. Les sujets ne manquent pas. Quand je pense aux interminables débats qui ont eu lieu ces dernières années au sujet de l'appellation « société distincte », à Ottawa, à Québec et au *Devoir,* je n'en reviens pas : la « société distincte », mais c'est le sexe des anges ! Ce que je dis du Québec, je le dis aussi bien de la littérature québécoise dans son ensemble. Nous ferions bien de donner congé à cette bonne personne, et de nous intéresser de plus près aux œuvres, aux auteurs, aux textes. Vous me direz que j'ai moi-même sacrifié au culte, et je ne le nierai pas ; il m'arrivera sans doute encore de faire quelques génuflexions... Mais je ferai l'affirmation suivante : une œuvre, celle de Saint-Denys Garneau si vous voulez, vaut toute une littérature. Il faut le répéter : l'œuvre de Saint-Denys Garneau...

Lors du référendum de 1995, des intellectuels indépendantistes ont publié un manifeste où ils présentent un ensemble d'arguments expliquant leur position. Afin que votre propre position soit claire, j'aimerais, si vous le permettez, vous énoncer ces arguments un par un et vous demander de réagir. Le premier dit que les Québécois forment un peuple et qu'il serait bon que ce peuple forme un État ?

Le mot « peuple » est revenu depuis peu de temps dans nos débats, longtemps après qu'on a oublié la fameuse notion des « deux peuples fondateurs » du Canada. Il a pris la place du mot « nation » qui devenait un peu gênant, à cause de l'idée connexe de l'État-nation et de son alliance inévitable avec un nationalisme dont on voulait se distancer. Mais « un peuple, un État », est-ce vraiment plus simple, plus justifiable qu'« une nation, un État » ? Les « peuples » autochtones, qu'est-ce qu'on en fera ? Et les anglos ?... Ce qu'il faut bien voir, à travers cette valse de vocabulaire, c'est que le désir de l'indépendance ne pouvait venir que des Québécois francophones de souche, et ne pouvait être réalisé que par eux, pour eux. Comment voulez-vous qu'un Canadien anglais, faisant partie de la majorité linguistique canadienne, accepte de se *minoriser* dans un Québec indépendant, alors que les Québécois francophones veulent faire l'indépendance pour échapper à une telle *minorisation* ? Quant aux immigrants, aux nouveaux venus, aux groupes culturels d'origines diverses, ma foi, on imagine difficilement les motifs qui en feraient des partisans résolus de l'indépendance. Il y aura des exceptions, mais pour l'essentiel, l'indépendance ne peut être que l'affaire des Québécois francophones nés natifs. « Un peuple, un État », la formule laisse songeur, comme on dit, à la fois du côté du peuple, et du côté de l'État. Mon dieu, ce qu'on en veut, de l'État, depuis la révolution tranquille... D'ailleurs, est-ce que nous n'en avons pas déjà un, l'État du Québec, pourvu d'une très large autonomie, et ne nous fatigue-t-il pas assez quand il bâtit des monstruosités administratives comme celle du ministère de l'Éducation ?

Deuxième argument : la langue française serait mieux protégée dans un État souverain.

Il me semble impossible d'avoir des certitudes à ce propos. L'indépendance ne sortirait pas le Québec du contexte nord-américain, massivement anglophone, et l'immense entreprise du rock ne se franciserait pas d'un seul coup. Nous devrions continuer à composer, à adapter, comme nous le faisons depuis assez longtemps d'ailleurs, par exemple pour le rock, dont le Québec a donné une interprétation française tout à fait remarquable. Je note que, sans changement de statut politique, le français se porte mieux, au Québec, qu'il ne s'est jamais porté. On le parle peut-être assez mal parfois, mais on le parle plus, non seulement chez les francophones de souche mais aussi bien chez les anglos et les immigrants. Disons les choses autrement : la langue française a acquis, au Québec et particulièrement à Montréal, une légitimité sans précédent. Il faut avoir une mémoire un peu longue, celle d'un homme de mon âge, pour mesurer le chemin parcouru. J'observe encore que, dans le reste du Canada, l'usage public du français s'est répandu d'une façon qu'on n'aurait pu imaginer il y a quarante ans. Il a gagné du terrain chez les anglophones, grâce notamment aux cours d'immersion, et les minorités francophones du Nouveau-Brunswick, de l'Ontario, qu'on déclarait moribondes il y a quelques décennies, manifestent aujourd'hui une étonnante vitalité culturelle. Ce que je souhaite, ce qui me paraît bon, c'est que ce mouvement continue, qu'il devienne encore plus important. Le Canada est actuellement le seul pays au monde, si je ne me trompe, où la langue française fasse des progrès, gagne des locuteurs. Ne faudrait-il pas en être un peu content ?

Mais si l'État, ou les États, ont un rôle à jouer pour protéger la langue française, lui faciliter la vie, ils ne peuvent et ne doivent pas tout faire. L'Office de la langue française peut intervenir pour que l'unilinguisme anglais ne se réinstalle pas dans certains secteurs de la vie montréalaise. Il ne peut pas le faire quand, à la télévision par exemple, des hommes politiques, des intellectuels, des artistes massacrent allégrement la langue française ou plutôt, et c'est beaucoup plus grave, plus douloureux, n'arrivent pas à s'exprimer convenablement, à formuler correctement leur pensée parce qu'ils n'ont pas l'usage de la langue. Cette expérience d'une infirmité linguistique, que je vis plusieurs fois par semaine, me fait penser à la phrase d'André Belleau : « Nous n'avons pas besoin de parler français, nous avons besoin du français pour parler. » Ce qui est grave, ce qui est attristant, c'est que, utilisant la langue française, nous n'arrivons pas à parler. C'est là une question qui ne peut pas être contenue dans le cadre des règlements linguistiques. Je ne sais trop comment on pourrait l'aborder. L'éducation, peut-être... Il faudrait également s'attaquer — comment ? — à une idéologie du parler mal comme parler vrai, qui se combine d'ailleurs — la question se complique ! — avec une invention linguistique dont les noms de restaurants, de boutiques, témoignent assez joyeusement. Je n'ai pas de programme à proposer, la question est trop vaste. Elle n'est pas purement linguistique, elle est culturelle. Mais pour moi, parler de la langue française au Québec, au Canada, c'est parler de *ça.*

Troisième argument : dans un Québec indépendant, le climat nécessaire à la vie culturelle pourrait être meilleur. Cela rejoint obliquement les thèses d'un Jean Larose par exemple,

pour lequel seul un affrontement « viril » avec un ordre sym-
bolique dûment reconnu peut faire en sorte que l'aventure
dans l'imaginaire soit vraiment libre.

Petit préambule, nécessaire : Jean Larose est un ami, et un
des intellectuels québécois que je respecte, que j'admire le
plus. Cela dit, nous ne sommes pas d'accord sur la question que vous soulevez. Ma principale objection tient à
ceci que, pour moi, il est illégitime, voire dangereux de
parler d'une nation (ou d'un peuple !) comme d'une personne, de lui appliquer la même sorte d'analyse. Quand
Jean Larose dit, par exemple, que la souveraineté n'a pas à
se justifier, qu'elle est souveraine ou qu'elle n'est pas, je
cite à peu près, j'arrive à le comprendre s'il s'agit d'une
personne, mais il me semble que l'application d'un tel
principe dans le domaine politique pourrait conduire à
des aberrations. Je crois me souvenir qu'il y a une vingtaine d'années ou un peu plus, Pierre Elliott Trudeau,
dans un beau texte en réponse à Pierre Vallières, disait
que la politique n'a pas pour but de faire le bonheur des
hommes ; on pourrait dire aussi bien qu'elle n'a pas à les
rendre intimement, personnellement souverains. Il me
semble qu'entre la vie politique et la vie personnelle, il y
a un petit abîme ; ou qu'il devrait y en avoir un. J'aime
beaucoup cette définition du patriotisme, que j'ai lue
quelque part : le patriotisme est cette vertu étrange qui
nous fait aimer le pays où nous payons nos impôts. Pour
le dire en deux mots, j'ai la politique froide. Ce qui
n'exclut pas la chaleur des sentiments communautaires.
Nous en avons déjà parlé, je pense. Et puis, j'irai relire le
texte de Larose…

Quatrième argument avancé par les tenants du groupe IPSO : pour traiter efficacement de problèmes tels le chômage, la paupérisation croissante de certains groupes sociaux (les femmes seules notamment), le décrochage scolaire, l'insertion participative des jeunes dans le jeu social, etc., il faudrait pouvoir créer des solidarités réelles à une échelle qui permette l'action pratique concrète et immédiate, ce que le Canada actuel ne permettrait pas.

Des « solidarités réelles », il en faut, et il est d'autant plus important qu'elles existent, que de grandes forces, dans le monde actuel, tendent à les rompre, à les dissiper. Mais je ne vois pas pourquoi elles devraient s'inscrire dans des cadres politiques étanches. Je pense même que l'instauration de structures politiques risque, souvent, de stériliser ces solidarités, qui doivent être souples, mouvantes, proches des aspirations et des besoins concrets. Un État ne peut, me semble-t-il, que mettre en place les conditions nécessaires à la formation de telles solidarités ; pour le reste, il devrait intervenir aussi peu que possible. Je pense tout à coup à un mot qui a été longtemps déconsidéré dans notre vocabulaire, surtout en littérature, et qui mériterait de faire retour, celui de régionalisme. Le régionalisme a ceci d'intéressant qu'il se tient tout près de ce qu'on appelle les « solidarités réelles », mais sans s'obliger à dresser des frontières, sans se vouer à la souveraineté complète. Je ne dis pas que le Québec devrait se contenter d'être une région, comme celles qu'il reconnaît sur son propre territoire. Je dis qu'un certain esprit régional, fondé sur autre chose que la concurrence à tout prix, serait peut-être l'arme la plus efficace pour contrer la dictature des grands ensembles. Évidemment, « régional » ça fait moins glorieux, moins éclatant que « national », et je ne vois pas venir le moment où l'on acceptera que la littérature québécoise soit considérée comme une « région » de la littérature francophone ! Je garde ma petite utopie.

Cinquième argument : le fait que le Québec n'ait pas signé la constitution de 1982, l'échec des propositions de Meech et de Charlottetown, en un mot, la chienlit constitutionnelle canadienne, tout cela montrerait que le Canada ne « fonctionne » pas, qu'il est indéfendable dans sa structure actuelle.

Faut-il que je parle de l'échec du référendum de 1980, du « beau risque » de René Lévesque, de ses positions et de celles de Claude Morin le cher homme à la conférence d'Ottawa, de la « nuit des longs couteaux », des méchancetés de Jean Chrétien, de l'amour immodéré de Trudeau pour les droits de l'homme, des tentatives malheureuses de Mulroney, de la Gendarmerie royale, de Clyde Wells, d'un député indien nommé Harper au Manitoba, de la reine d'Angleterre et pourquoi pas du prince consort tandis qu'on y est, et de combien d'autres choses encore ? Soyons sérieux. La question constitutionnelle a été soufflée, au Canada, bien au-delà du raisonnable. Que nous soyons devenus, nous, les Québécois, depuis 1982, des orphelins constitutionnels, ne me paraît pas, en soi, constituer une tragédie. Que cette constitution ait fait du tort aux Québécois, je ne le vois pas non plus, bien qu'elle ait très certainement déplu à René Lévesque et à Claude Morin, et que Robert Bourassa ait cru opportun de la déplorer. Allons un peu plus loin. Que la solution des problèmes constitutionnels du Canada — et donc l'octroi de pouvoirs additionnels au Québec — soit indispensable à la survie, à l'épanouissement et au progrès de la communauté francophone, je n'en suis pas du tout sûr. Dans le domaine culturel, par exemple, un des seuls que je connais un peu, je serais désolé que nous fussions privés des services du Conseil des arts du Canada ou de la société Radio-Canada, pour ne citer que ces deux organismes qui depuis un demi-siècle ont admirablement servi la culture canadienne-française. Il faut être un constitutionnaliste enragé pour penser que la concentration à Québec de tous les pouvoirs culturels serait automatiquement favorable à la vie culturelle de notre société.

Si d'aucuns vous demandaient des arguments en faveur du maintien du Québec dans le Canada, vous diriez ?

Le Canada existe. Il existe, dans sa forme actuelle, depuis plus de cent ans. C'est un argument de poids. Je ne sais pas si on imagine ce que c'est, quel bordel ce serait que de défaire un pays qui existe depuis cent ans. Il faut, pour entreprendre une telle démolition, avoir des raisons très fortes. Nous ne les avons pas. On peut ajouter que le Canada est un pays convenable et plus que convenable, un pays où la liberté personnelle n'est pas un vain mot, qui a des politiques sociales intéressantes et se conduit assez correctement sur la scène internationale. Je pense que ce cadre étatique a été favorable à la communauté, à la collectivité, à la nation, au peuple canadien-français, que celui-ci est plus fort, plus créateur qu'il ne l'a jamais été. Il me paraît aussi, je l'ai déjà dit mais je crois opportun d'y revenir, que la langue française a un avenir plus intéressant dans un Québec canadien et un Canada avec le Québec, que dans un Québec séparé ; je serais désolé qu'un grand pays comme le Canada fût, du fait de cette séparation, exclu de la francophonie.

Cela dit, évidemment, la situation ne sera jamais simple, il y aura toujours des irritants, c'est la vie. Il y en aura du côté anglais, je ne lirai pas toujours la *Gazette* et le *Globe and Mail* avec plaisir, et je devrai encore insister à l'occasion, à Montréal même, pour qu'on s'adresse à moi dans ma langue, la française. Pour ne donner que cet exemple. Mais il y a, il y aura également des irritants dans ma communauté propre. Les déclarations de la société Saint-Jean-Baptiste de Montréal ne me sont pas plus agréables que celles du Parti réformiste de M. Manning. Quant aux gouvernements, de Québec et d'Ottawa, ils m'irriteront forcément de temps à autre parce que, dotés de pouvoirs considérables, ils s'en tireront comme ils le pourront, parfois bien — mais ça, en tant que citoyen conscient et grognon, j'aurai de la difficulté à l'admettre —, parfois mal.

Je dirai, enfin, que je refuse de ne m'intéresser qu'à cet aspect des choses. Le Canada pour moi, et j'y inclus ou j'y ajoute le Québec, cela dépend de mes humeurs, de la couleur du ciel, de ce que j'ai lu le matin dans *Le Devoir,* le Canada ce n'est pas d'abord Jean Chrétien ou Lucien Bouchard *(pro tempore),* c'est Bruny Surin, Robertson Davies, Jacques Villeneuve, Maureen Forester, Margaret Atwood, Réjean Ducharme, l'Orchestre symphonique de Montréal l'admirable, Laurent Beaudoin, Northrop Frye, nos festivals d'été, Fernand Dumont, tout cela ensemble et en vrac, enfin ce qui fait la réalité humaine d'un pays, et qui n'exclut pas le politique bien sûr mais ne s'y limite pas. Les discussions constitutionnelles nous ont imposé, du pays, une vision amputée de toute qualité humaine, c'est épouvantable.

Il reste que, vraisemblablement, l'aspiration à la souveraineté demeurera présente.

Sans doute. Je serai même prêt à admettre, à la rigueur, si vous y tenez absolument, si vous me forcez dans mes derniers retranchements, que cette aspiration peut avoir un peu de bon, dans la mesure où elle équilibrera pour ainsi dire le désir, présent chez un certain nombre de Canadiens anglais, de voir disparaître cette anomalie nord-américaine qu'est le Canada français. Mais point trop n'en faut, point trop n'en faut ! L'indépendantisme est fondé sur le désir de l'unité, qui est une forme douce du désir de pureté, et ce désir sera toujours présent, il fait partie des tentations permanentes de l'espèce humaine.

Nombre d'intellectuels souverainistes ne s'accorderaient pas du tout avec l'idée que la souveraineté soit la recherche d'une « certaine pureté ».

Je ne parle *évidemment pas* de purification ethnique ! Les Québécois francophones sont du bon monde, ils l'ont prouvé à plus d'une reprise, et il n'y a certainement pas à craindre qu'ils reproduisent ici le foutoir yougoslave, fût-

173

ce en mineur. J'ai eu tort d'employer le mot pureté ; dans le contexte mondial actuel, il fait désastre. Ce dont je veux parler, c'est le désir — qui se trouve en moi, je ne le nie pas, ça procède de l'instinct — de vivre dans une communauté culturelle à peu près homogène, où les habitudes, les valeurs communes ne soient pas remises en cause chaque matin, ne paraissent pas constamment menacées par l'*autre,* quelque visage qu'il ait, celui d'autres communautés installées depuis longtemps sur le même territoire ou celui de l'arrivé récent, de l'immigrant. Appelons cela, si vous vous voulez, l'identité. Je ne crois pas que l'indépendantisme soit fermé à la diversité culturelle, mais il est évident qu'il ne l'acceptera vraiment, profondément qu'*après,* après la confirmation du pouvoir de la majorité francophone. Et combien de temps mettra-t-il à l'accepter, même après ? Il y a là un jeu, entre le culturel et le politique, qui comporte des risques. Pour le moment, eh bien ma foi c'est un peu la pagaille, non ? c'est bien l'image de l'*entre-nous* qui domine ?

Dans les mouvements politiques et culturels des années soixante, il y a eu une relance de l'utopie, une volonté de réenchantement du monde que l'on a associée au mouvement d'une jeunesse désireuse de trouver sa place dans une société qui ne lui ouvrait pas ses portes assez vite. L'utopie est-elle à votre avis une dimension de l'imaginaire social nuisible ou nécessaire ?

Que c'est loin, les années soixante... Que l'utopie soit nécessaire, je ne sais pas, mais elle est certainement inévitable ; qu'elle soit nuisible, c'est selon. Je ne suis pas très favorable à l'utopie, car elle a tendance à cesser très vite d'être utopie, à se durcir en idéologie. Le Russe Chavarevitch a montré qu'il y avait dans l'utopie de Thomas More, ce brave homme, ce martyr de la foi, tout ce qui était nécessaire à la construction du totalitarisme. L'utopie rêve d'un *en avant* qui serait débarrassé des contradictions du présent, qui en serait trop facilement débarrassé. J'ai plutôt tendance, moi, à penser que les contradictions sont une des richesses de l'expérience humaine. Je n'aime pas les voir disparaître, en fait j'ai un peu peur quand on parle de les faire disparaître.

Mais 68, pour vous, c'est un épiderme qui réagit, ou est-ce plus profond ?

Vous parliez tout à l'heure d'une jeunesse qui voulait trouver sa place. Essayons de préciser. Il ne s'agissait pas de lutter contre le chômage, de se trouver une place sur le marché du travail : c'est là un thème plus récent, et qui provoque des manifestations d'un genre tout à fait différent, moins éclatantes, plus inquiètes. 1968, à mon avis, c'est plutôt l'apparition de la valeur jeunesse, de la jeunesse comme valeur : je suis jeune, c'est moi qui représente l'avenir, le renouveau, les idées neuves, intéressantes, vraiment productrices, laissez-moi passer s'il vous plaît. L'idée que la jeunesse, en tant que jeunesse, a forcément raison, est encore présente parmi nous, sans doute. Les sections jeunesse des partis politiques québécois ont beau, parfois, avoir des idées extrêmement rétrogrades, elles gardent paradoxalement un petit air d'avant-garde qui leur donne de l'élan. Quant au pouvoir étudiant, à la contestation étudiante, je n'en vois plus beaucoup de traces aujourd'hui, dans notre époque inquiète...

Avez-vous été « contesté » ?

En 1968, vous voulez dire ? Peut-être, je ne m'en souviens pas bien. Peut-être bien, aussi, que je ne m'en suis pas aperçu ! Il me semble que les choses se sont passées chez nous, au département d'études françaises, de façon assez douce — plus qu'à l'université du Québec, par exemple, qui était une institution plus jeune, plus portée aux turbulences. La contestation a surtout porté sur les cours magistraux — symboles d'une société autoritaire, en voie de disparition ! —, qu'on voulait remplacer par des cours à participation. Nous avons dit oui, oui, oui, les professeurs se sont tus, mais quelques mois plus tard les étudiants se sont aperçus qu'ils étaient passés de Charybde en Scylla, les cours magistraux n'avaient pas disparus, mais ils étaient maintenant donnés par leurs camarades, pas toujours plus compétents, plus intéressants que les professeurs !

J'aimerais qu'on en vienne à votre libéralisme. Quelles en sont les sources et jusqu'où va-t-il ?

Comme je vous l'ai déjà dit, je ne suis pas un penseur politique — ce qui ne m'empêche pas d'avoir quelques opinions, des convictions. Ce que vous appelez mon libéralisme s'est forgé petit à petit à partir des expériences que j'ai faites, des réflexions qu'elles m'ont obligé à faire. J'ai subi, en profondeur me semble-t-il, l'influence de *Cité libre,* je crois à la démocratie, à la liberté d'action, à la liberté d'expression, mais ces idées ne me seraient peut-être pas devenues à ce point essentielles si je ne les avais vécues en connexion avec des luttes très concrètes, la bêtise duplessiste, la grève d'Asbestos, et cetera. Je dois dire aussi, en toute honnêteté, que mon libéralisme n'a pas toujours été à la hauteur de ce que je voudrais maintenant qu'il soit, que par exemple devant les premières revendications du Mouvement laïque je me suis rebiffé un peu sottement. Je pourrais citer d'autres exemples de ce genre. Les limites de mon libéralisme ont été marquées par les circonstances, mais aussi elles ont bougé, et aujourd'hui encore elles sont mouvantes — ce qui est peut-être la marque essentielle du libéralisme ! Il y a beaucoup de choses qui se passent actuellement dans la société où je vis, qui ne me plaisent pas particulièrement, qui ne conviennent certainement pas à ce que je pensais, disons, dans les années cinquante. J'essaie de comprendre, je réserve mon jugement. L'avortement, par exemple, suscite en moi, d'entrée de jeu, un mouvement de recul. Il y a là un refus de la vie, des risques de la vie, de la responsabilité devant la vie, que je ne réussis pas à approuver. Cela dit, je suis favorable à la loi canadienne qui l'a libéralisé, parce que je crois que dans une société plurielle comme la nôtre, on ne peut pas imposer à l'ensemble des choix qui sont ceux d'une partie de cette société. Je puis ajouter à ça que les idées et les modes d'action du mouvement pro-vie me trouvent plus que réticent.

Le libéralisme est une famille idéologique fort large. Quand devient-il ce qu'on a appelé, après les règnes de Thatcher et Reagan, le néolibéralisme ?

Quand il cède de façon excessive aux intérêts du marché, j'imagine. On assiste actuellement à une remise en question des contrôles étatiques, peut-être excessifs, cela reste à mesurer — mais où est l'instrument de mesure ? On privatise, et parfois je dis que c'est bon, parfois…

Il y a une petite chose que je tiens à dire ici. Je suis un citoyen ordinaire. J'essaie d'être assez bien informé, je lis un peu, mais il est évident que je suis incapable d'avoir des opinions fortes ou simplement intéressantes sur chacun des nombreux problèmes que me pose chaque jour l'actualité économique et sociale. D'autant que l'information, ici, actuellement, au Québec, au Canada, est d'une pauvreté épouvantable ; la télévision n'en parlons pas, elle est intellectuellement analphabète, mais les journaux lui sont à peine supérieurs, c'est la croix et la bannière pour obtenir les informations les plus rudimentaires sur les questions du jour. Si vous me demandiez de formuler une opinion personnelle sur ce qui se passe actuellement dans ma société, le déménagement des vols internationaux de Mirabel à Dorval, la fermeture de nombreux hôpitaux, les nouveaux règlements sur l'alcool au volant, je ne pourrais vous répondre honnêtement que par des aveux d'ignorance, d'incompétence. J'ai fait assez d'erreurs dans ma vie pour savoir que le silence est souvent préférable à l'expression d'opinions mal fondées. Il n'y a pas beaucoup de choses qui me fatiguent plus que les tribunes téléphoniques, où l'on invite Pierre Jean Jacques à déballer ses

ignorances et ses préjugés sous le prétexte de faire connaître l'opinion du peuple.

Pour revenir au libéralisme, je vous donnerai un
nom propre, celui de Raymond Barre. Raymond Barre
n'est pas l'homme politique le plus flamboyant, le plus
fertile en opinions définitives, de la France contemporaine. Il était l'homme politique préféré de René Char.

*Il y a aujourd'hui beaucoup de remue-ménage dans le
domaine de l'éducation au Québec. Par exemple, d'aucuns
souhaitent que les universités — et les universitaires —
soient jugées dorénavant en fonction de leur « performance ».
Quel jugement portez-vous sur la situation de l'éducation au
Québec et, particulièrement, de l'enseignement universitaire ?*

La performance ? Je vais consulter mon dictionnaire, le
Petit Robert. « Résultat chiffré obtenu par un cheval de
course, un athlète, à chacune de ses exhibitions en
public. » Ou encore : « Résultat optimal qu'une machine
peut obtenir. » Performance rime avec excellence, qui
rime avec concurrence. Trois mots affreux, qui disent
exactement le contraire de ce qu'on peut attendre d'un
véritable travail universitaire, d'un véritable travail de
recherche et d'enseignement. La recherche, sous l'œil
sévère de la performance, se mesure à l'ampleur des subventions obtenues, au nombre d'articles publiés ; la qualité de l'enseignement, par les fiches d'évaluation remplies
par les étudiants. Un recteur, un vice-recteur, un doyen
ou une vice-doyenne nous disait, il y a quelques années :
« Il faut que le département d'études françaises de l'université de Montréal devienne le meilleur en Amérique du

Nord. » Mais qu'est-ce que ça veut dire, le « meilleur » ?
Celui qui fait le meilleur travail, qui constitue le meilleur
milieu de travail pour les étudiants et les professeurs, ou
celui qui a la meilleure réputation ? Être, ou paraître ?
S'il ne s'agissait que d'avoir une réputation prestigieuse,
la solution serait vite trouvée : recruter quelques vedettes
internationales, au prix fort. Nous n'avions pas la mon-
naie. Nous devions nous contenter de la qualité réelle,
forcément moins éclatante. Je m'inquiète un peu de la
force et de la fréquence du discours de la « performance »
dans nos universités, aujourd'hui. Nos successeurs — qui
sont souvent plus brillants, mieux formés que nous
l'étions — vont être forcés de faire leur travail dans un
milieu, ou plus justement un système qui n'est guère
favorable à l'épanouissement de l'esprit. Je leur souhaite
bien de la résistance.

On constate depuis un certain nombre d'années — chez nos
voisins du sud notamment — le retour d'un intégrisme et
d'un puritanisme intellectuels (qui recoupe partiellement le
phénomène désigné par l'appellation political correctness*)*
très envahissants.

Je ne suis pas sûr d'avoir grand-chose de fertile à dire là-
dessus. Vous dites : chez nos voisins du sud, mais la peste
n'a pas tout à fait épargné notre bon pays, notre bonne
province, notre bonne ville… Il m'est arrivé de lire, dans
des études féministes par exemple, des choses qui avaient
beaucoup de sens. Mais il me semble que tout ce mouvement dont vous parlez conduit à dire : « À bas la littérature ». Lire la littérature, étudier la littérature, c'est préci-

sément refuser de la mettre au service d'une cause, si noble soit-elle, c'est essayer d'apercevoir la prolifération de sens qui est sa raison d'être, la résistance qu'elle oppose à la conscription idéologique. Je me demande parfois si, en accordant une si grande place dans nos programmes à la littérature québécoise — parce qu'elle était la nôtre, et non pas à cause de sa force proprement littéraire —, en faisant de la littérature française une littérature étrangère (ou presque), nous n'avons pas fait le même genre d'opération que les *studies*... Je m'arrête, je suis encore en train de scier la branche sur laquelle je suis assis ! Mais la question n'est pas uniquement littéraire, bien sûr. L'université est-elle fidèle à sa mission en créant ainsi des programmes découpés selon les débats du jour, des thèmes qui seront vite remplacés par d'autres ? Hannah Arendt, dans *La crise de la culture,* plaidait pour la séparation entre la sphère de l'enseignement et la place publique. Il est assez évident qu'on ne l'a pas entendue. Il y a tellement de bruit, dans nos institutions d'enseignement, qu'on n'y entend plus guère les voix de la sagesse, qui sont celles du *temps long.*

Passons à un tout autre sujet : la spiritualité. Dans un numéro de Liberté *d'il y a quelques années, vous avez publié un texte intitulé « Le Dieu du messeux ». Comment peut-on être chrétien et catholique en 1996 ? comment se formule pour vous « l'hypothèse Dieu » (c'était le titre de ce numéro de* Liberté *) ?*

Quand André Belleau m'a demandé d'écrire un article pour ce numéro de *Liberté,* intitulé « L'hypothèse Dieu », j'ai d'abord refusé, je ne me sentais pas le goût d'écrire quelque chose sous un tel titre. Ce n'est pas un thème que je peux traiter tranquillement, ce n'est peut-être même pas pour moi un thème du tout... André Belleau a insisté, j'ai accepté, à mon corps défendant, et le titre de mon article porte la trace de cette résistance, il a quelque chose d'une provocation. Le mot *messeux* est du philosophe Brice Parain — je crois me souvenir qu'il l'a employé dans *La France marchande d'églises* —, et il désigne ceux qui vont à la messe, il a le même sens que le mot *tala*, ceux qui *vont-à-la messe*. En me définissant comme *messeux,* je disais quelque chose d'exact, oui, je vais à la messe tous les dimanches, mais aussi je m'attribuais un titre, je me donnais un rôle peu glorieux, celui du catholique pratiquant, croyant aux dogmes, soumis aux autorités, mettons-en. Qu'il y ait eu un peu de ruse là-dedans, bon... Mais je voulais indiquer, aussi bien, que Dieu n'était pas pour moi une « hypothèse » sur laquelle je pouvais disserter en toute gratuité, qu'il y avait là du réel, un réel pas facile à vivre, avec lequel je me débrouille tant bien que mal, sans doute plus mal que bien.

Comment peut-on être chrétien et catholique en 1996 ? Beaucoup de gens le sont, pour lesquels j'ai de la considération. Je ne les nommerai pas, il ne s'agit pas de dresser un palmarès. J'ai d'ailleurs une considération au moins égale pour beaucoup d'agnostiques ou d'athées, ce qui ne démontre rien dans un sens ou dans l'autre. Comment peut-on ? Je ne puis donner que des indices, ouvrir des perspectives. J'ai parlé d'une communauté de croyants, aujourd'hui extrêmement dispersée, disséminée oui, mais vivante. Je parlerai aussi d'une histoire très longue, très complexe, qui comporte beaucoup de choses désagréables — quelle histoire, même religieuse, surtout religieuse, n'en comporte pas ? —, mais qui porte une question sans laquelle le monde risque toujours de devenir inhumain.

Parlons, si vous voulez, d'une altérité fondamentale, d'une question posée à nos petites histoires par l'absolu. C'est dangereux, l'absolu, ça peut faire des ravages terribles quand on tente de le domestiquer, d'en faire un despote politique, comme cela s'est produit souvent et se produit encore. Il est évident que nous vivons actuellement une crise, un passage majeur, un radical « désenchantement du monde » pour reprendre le titre du grand ouvrage de Marcel Gauchet ; les possibilités d'intervention du religieux dans le politique disparaissent rapidement, le langage symbolique dont usent les religions est soumis aux coups de boutoir de la critique, en somme la religion semble disparaître de l'horizon intellectuel et expérimental de l'homme moderne, mais Gauchet lui-même laisse ouverte la question de la survie d'une expérience religieuse individuelle sans religion constituée. Mais je m'aperçois que je me suis éloigné de votre question, que je ne vous ai pas parlé du catholicisme en tant que tel...

Oui, il y a eu diverses périodes intégristes dans l'histoire du catholicisme. Or, selon vous, une pensée intégriste est incompatible avec le christianisme... Mais en même temps, vous me dites être attaché à la dimension historique du catholicisme...

L'histoire du catholicisme comporte un combat plusieurs fois séculaire, et dont on n'aperçoit pas la fin, entre l'esprit de domination et l'esprit de liberté. Parfois le premier l'emporte, et l'Église se trouve, comme disait Claude Tresmontant, en été de péché... Je ne m'y sens pas toujours à l'aise, je ne suis pas toujours comblé par ce que raconte le grand-patron-qui-est-à-Rome, et même au plan spirituel il m'arrive de plus en plus souvent de me ressourcer dans des traditions connexes, chez les protestants par exemple ou encore dans la pensée juive, surtout celle d'Emmanuel Levinas. Mais je crois à la possibilité de vivre la liberté, d'en agrandir le domaine à l'intérieur de l'Église catholique, dont certaines valeurs, la vocation à l'universel par exemple, me sont essentielles.

Malraux disait à peu près que le vingt et unième siècle serait religieux ou qu'il ne serait pas...

C'est le genre de prophétie qui me laisse sans voix. Quel sens Malraux donnait-il au mot « religieux » ? Un vingt et unième siècle religieux, au sens d'une prolifération de sectes, de croyances, ma foi ce ne serait pas une perspective réjouissante.

En tout cas, cette prolifération de sectes, de gourous, d'astro-zodiacaux divers est bien là, et il semble qu'elle réponde à une angoisse générale, diffuse dans toutes les couches de la société.

Oui, l'angoisse de vivre sans béquilles symboliques ou à peu près, sans les fleurs de rhétorique qui ornaient si agréablement la chose, sans hiérarchie contraignante... François Mauriac imaginait drôlement, avec un rien de tristesse aussi sans doute, une époque où l'on parlerait du christianisme comme de la secte qui faisait maigre le vendredi. Je veux croire que si je suis catholique, c'est dans un esprit totalement différent de celui qui ferait de moi un sectaire, dans une opposition résolue à l'esprit de secte. On a souvent imaginé le christianisme comme une surcharge, quelque chose qui s'ajoutait à l'humain ; pour moi, il serait plutôt une soustraction, une réduction à l'humain, au simplement humain.

Vous venez de terminer votre carrière d'enseignant, vous voilà libre comme l'air, je vous soupçonne d'écrire comme un forçat évadé... Quels sont vos projets ?

Des projets ? J'en ai dix ou quinze ou vingt, c'est-à-dire que je n'en ai aucun. Je trafique un peu dans la fiction, avec des hauts et des bas, j'ai quelques commandes, et j'aimerais bien écrire quelque chose sur la poésie. Mais les circonstances décideront, plus souvent que ma volonté propre. L'image flattée d'un homme enfin délivré des tâches mesquines, de la nécessité de gagner sa vie, enfin libre de se livrer aux choses essentielles qui le requéraient en vain depuis si longtemps, très peu pour moi. Je continue.

BIBLIOGRAPHIE SÉLECTIVE

La bibliographie des textes de Gilles Marcotte établie par Alain Charbonneau et Geneviève Sicotte (Cahiers de recherche 7, centre d'études québécoises, département d'études françaises, université de Montréal, 1996) comprend quelque mille cinq cents entrées, essentiellement des articles, dont quelques-uns ont été repris en livre. La courte bibliographie qui suit s'en tient aux ouvrages.

Romans, nouvelles, récit

Le poids de Dieu, roman, Paris, Flammarion, 1962.

Retour à Coolbrook, roman, Paris, Flammarion, 1965.

Un voyage, récit, Montréal, HMH, 1973.

La vie réelle, nouvelles, Montréal, Boréal, 1989.

Critique, essais

Une littérature qui se fait, Montréal, HMH, 1962 (édition augmentée 1968, réédition Bibliothèque québécoise, 1995).

Présence de la critique, textes choisis et présentés par Gilles Marcotte, Montréal, HMH, 1967.

Le temps des poètes, Montréal, HMH, 1969.

Les bonnes rencontres, Montréal, HMH, 1971.

Le roman à l'imparfait, Montréal, La Presse, 1976 (réédition l'Hexagone, 1989).

Anthologie de la littérature québécoise, sous la direction de Gilles Marcotte, 4 vol., Montréal, La Presse, 1978-1980 (réédition l'Hexagone, 1994).

La littérature et le reste, Montréal, Quinze, 1980.

La prose de Rimbaud, Montréal, Primeur, 1983 (réédition Boréal, 1989).

Littérature et circonstances, Montréal, l'Hexagone, 1989.

L'amateur de musique, Montréal, Boréal, 1992.

Montréal imaginaire, sous la direction de Gilles Marcotte et Pierre Nepveu, Montréal, Fides, 1992.

Rimbaud, essais de Gilles Marcotte, Jean Larose et Dominique Noguez, Montréal, HMH, 1993

INDEX

TABLE DES MATIÈRES